ANALYSE AVANCÉE DE DONNÉES DE PANEL

Aperçu du cadre théorique et applications avec Stata et R

Collection « L'esprit économique »

fondée par Sophie Boutillier et Dimitri Uzunidis en 1996
dirigée par Sophie Boutillier, Blandine Laperche, Dimitri Uzunidis

Si l'apparence des choses se confondait avec leur réalité, toute réflexion, toute Science, toute recherche serait superflue. La collection « L'esprit économique » soulève le débat, textes et images à l'appui, sur la face cachée économique des faits sociaux : rapports de pouvoir, de production et d'échange, innovations organisationnelles, technologiques et financières, espaces globaux et microéconomiques de valorisation et de profit, pensées critiques et novatrices sur le monde en mouvement...
Ces ouvrages s'adressent aux étudiants, aux enseignants, aux chercheurs en sciences économiques, politiques, sociales, juridiques et de gestion, ainsi qu'aux experts d'entreprise et d'administration des institutions.

La collection est divisée en six séries :

Dans la série *Economie et Innovation* sont publiés des ouvrages d'économie industrielle, financière et du travail et de sociologie économique qui mettent l'accent sur les transformations économiques et sociales suite à l'introduction de nouvelles techniques et méthodes de production. L'innovation se confond avec la nouveauté marchande et touche le cœur même des rapports sociaux et de leurs représentations institutionnelles.

La série *Economie formelle* a pour objectif de promouvoir l'analyse des faits économiques contemporains en s'appuyant sur les approches critiques de l'économie telle qu'elle est enseignée et normalisée mondialement. Elle comprend des livres qui s'interrogent sur les choix des acteurs économiques dans une perspective macroéconomique, historique et prospective.

Dans la série *Le Monde en Question* sont publiés des ouvrages d'économie politique traitant des problèmes internationaux. Les économies nationales, le développement, les espaces élargis, ainsi que l'étude des ressorts fondamentaux de l'économie mondiale sont les sujets de prédilection dans le choix des publications.

La série *Krisis* a été créée pour faciliter la lecture historique des problèmes économiques et sociaux d'aujourd'hui liés aux métamorphoses de l'organisation industrielle et du travail. Elle comprend la réédition d'ouvrages anciens, de compilations de textes autour des mêmes questions et des ouvrages d'histoire de la pensée et des faits économiques.

La série *Clichés* a été créée pour fixer les impressions du monde économique. Les ouvrages contiennent photos et texte pour faire ressortir les caractéristiques d'une situation donnée. Le premier thème directeur est : mémoire et actualité du travail et de l'industrie ; le second : histoire et impacts économiques et sociaux des innovations.

La série *Cours Principaux* comprend des ouvrages simples, fondamentaux et/ou spécialisés qui s'adressent aux étudiants en licence et en master en économie, sociologie, droit, et gestion. Son principe de base est l'application du vieil adage chinois : « le plus long voyage commence par le premier pas ».

Hassan GUENICHI

ANALYSE AVANCÉE DE DONNÉES DE PANEL

Aperçu du cadre théorique et applications avec Stata et R

L'Harmattan

5-7, rue de l'École-Polytechnique, 75005 Paris
http://www.editions-harmattan.fr
ISBN : 978-2-336-54633-9
EAN : 9782336546339

Dans l'ombre de chaque page se trouve
la patience de ma famille,
l'enthousiasme de mes étudiants,
et la complicité de mes collègues.

À vous tous, mes plus profonds remerciements.

Sommaire

Avant propos

L'économétrie occupe une place centrale dans l'analyse empirique des phénomènes économiques et financiers. Cet ouvrage s'inscrit dans cette démarche en proposant une exploration approfondie des méthodes économétriques appliquées aux données de panel, en intégrant aussi bien les tests de racines unitaires que les modèles linéaires et non linéaires.

Mon parcours universitaire en méthodes quantitatives m'a permis d'acquérir une expertise solide dans l'application des outils économétriques aux problématiques économiques. En tant qu'enseignant-chercheur, j'ai eu l'opportunité de transmettre ces connaissances à travers mes cours d'introduction à l'économétrie destinés aux étudiants en licence, ainsi que mes enseignements en économétrie des séries temporelles et en économétrie des données de panel aux étudiants en mastère.

Mes recherches portent sur des thématiques économiques et financières, notamment l'effet du prix de l'énergie sur la croissance économique, la performance ESG des entreprises et le rôle de l'énergie renouvelable et de la finance verte dans les pays. Ces sujets nécessitent une compréhension rigoureuse des méthodes économétriques avancées, que ce livre vise à présenter de manière claire et accessible.

La disponibilité croissante des données de panel et la complexité croissante des relations économiques et financières ont entraîné une forte demande de techniques d'analyse avancées. *L'ouvrage « Analyse avancée des données de panel : Cadre théorique, aperçu et applications avec Stata et R »* est conçu pour fournir aux chercheurs, universitaires et praticiens un guide complet des méthodes d'analyse des données de panel, allant des concepts fondamentaux aux modèles non linéaires de pointe.

Ce livre est structuré de manière à offrir à la fois une base théorique solide et des applications pratiques avec Stata et R. Il commence par une introduction aux données de panel (chapitre 1), qui couvre les caractéristiques et avantages essentiels des ensembles de données de panel. Le chapitre 2 aborde les tests de dépendance transversale. Il aborde également les tests de racines unitaires de première, deuxième et troisième génération pour évaluer les problèmes de stationnarité et de dépendance dans les contextes de panel.

La discussion aborde ensuite les modèles de données de panel linéaires au chapitre 3, où nous explorons les modèles à effets individuels, les modèles dynamiques, l'approche ARDL et les modèles de panel cointégrés. Ces modèles constituent le pilier de la recherche empirique en économétrie appliquée, en finance et en sciences sociales.

Le chapitre 4 se concentre sur les modèles de données de panel non linéaires, notamment la régression de panel à seuil (PTR), la régression de panel à transition douce (PSTR), l'ARDL à seuil et la régression quantile. Ces approches capturent les changements de régime, les asymétries et les réponses hétérogènes au sein des ensembles de données de panel, offrant ainsi une compréhension plus approfondie des phénomènes économiques complexes.

En combinant explications théoriques et applications pratiques avec Stata et R, cet ouvrage constitue une ressource précieuse pour ceux qui souhaitent approfondir leur expertise en analyse de données de panel. Que ce soit pour la recherche universitaire ou les études appliquées, il fournit les outils nécessaires pour naviguer dans le paysage évolutif de la modélisation économétrique.

Chapitre 1
Introduction aux données de panel

En statistique et en économétrie, les données de panel (ou données longitudinales) sont des données qui incluent plusieurs observations au fil du temps pour le même individu statistique. Les données de panel sont des modèles dans lesquels les variables représentent les valeurs prises par un échantillon d'individus à intervalles de temps réguliers. En économétrie, on peut s'intéresser à des données temporelles ou à des données transversales instantanées ; les données de panel mélangent les deux dimensions : séries temporelles et données transversales. L'intérêt de cette spécification réside dans la prise en compte d'un effet temporel et d'un effet individuel. Les individus sont l'unité statistique observée (consommateur, entreprise, région, pays, etc.) à intervalles de temps réguliers.

Ce chapitre présente tout d'abord la base de données utilisée dans ce cas et les méthodes de remodelage des données pour obtenir des données de panel. Différents types de données de panel sont également présentés. Ensuite, il définit l'hétérogénéité et présente les avantages et les inconvénients des données de panel. Puis, nous présentons une spécification du modèle de données de panel suggérée par Hsiao (1986) pour vérifier l'homogénéité, l'hétérogénéité et les effets individuels. Enfin, pour présenter la spécification linéaire des modèles, nous suggérons une étude graphique et des tests de linéarité.

1.1.Base de données

« A longitudinal, or panel, data set is one that follows a given sample of individuals over time and thus provides multiple observations on each individual in the sample. » Hsiao (2003) [1]. Un panel est donc une répétition de coupes transversales, dans lesquelles nous suivons des individus, des entreprises, des pays, etc. C'est pourquoi on parle parfois de données longitudinales.

1.1.1 Données transversales (individuelle)

Sans dimension temporelle, elles sont relatives à des unités statistiques telles que les ménages, les entreprises, les salariés, les pays, etc. L'ordre des données ne reflète que l'ordre des identifiants individuels. Une coupe instantanée à un instant donné permet d'étudier l'hétérogénéité entre individus

[1]Hasio (2003) « Analyse des données de panel », Cambridge University Press, troisième édition

Unité	dépense	revenu	Prix
1	985	2320	8
2	820	2560	8,5
3	1520	2900	7,8
4	1400	2700	9
5	2180	2800	9,5
6	1230	2500	8
7	2450	2740	11
8	1960	3120	10,9
9	1500	2600	12
10	1960	2560	11,6
11	1280	1820	12
12	1950	2250	12,5

1.1.2 Séries chronologiques

Dotées d'une dimension temporelle, elles sont relatives à une variable d'une même unité statistique observée à plusieurs reprises. L'ordre temporel des données est important, car elles ne sont généralement pas indépendantes dans le temps.

Unité	Temps	Dépense	Revenu	Prix
1	1	985	2500	8
1	2	1020	2560	8,5
1	3	1520	2800	7,8
1	4	1400	2700	9
1	5	1180	2800	9,5
1	6	1230	2500	8
1	7	1450	3000	11
1	8	1960	3120	10,9
1	9	1500	2600	12
1	10	1360	2560	11,6
1	11	1280	1800	12
1	12	1450	2050	12,5

Prenons l'exemple d'un individu, le numéro 1, et observons l'évolution de ses dépenses au fil du temps. Les séries chronologiques nous permettent d'étudier les comportements dynamiques et l'évolution des relations.

1.1.3 Données de panel ou données longitudinales

Dotées d'une dimension temporelle, elles sont relatives à plusieurs unités statistiques pour lesquelles plusieurs variables sont observées à différentes occasions. L'ordre temporel des données est important, car elles ne sont généralement pas indépendantes dans le temps.

Unité	Temps	Dépense	Revenu	Prix
1	1	E11	I11	P11
1	2	E12	I12	P12
.	.	.	.	.
1	t	E1t	I1t	P1t
2	1	E21	I21	P21
2	2	E22	I22	P22
.	.	.	.	.
2	t	E2t	I2t	P2t
3	1	E31	I31	P31
3	2	E32	I32	P32
.	.	.	.	.
3	t	E3t	I3t	P3t
.	.	.	.	.
.	.	.	.	.
.	.	.	.	.
.	t	.	.	.
n	1	En1	En1	Pn1
n	2	En2	En2	Pn2
.	.	.	.	.
n	t	Ent	Int	Pnt

1.1.4 Types de données de panel

En utilisant des données de panel, nous pouvons exploiter deux sources de variation : la variabilité temporelle (intra-individuelle) et la variabilité individuelle (inter-individuelle). Augmenter le nombre d'observations permet

de garantir les meilleurs estimateurs avec un risque minimal de multicolinéarité. De nombreux modèles économétriques, utilisant principalement des données d'entreprises, peuvent être confrontés à des données croisées ; la nature particulière de ce phénomène nous invite à envisager des spécifications et des méthodes d'estimation adaptées. Le panel considéré n'est pas nécessairement complet (équilibré ou cylindré) où toutes les unités statistiques sont observées pendant la période considérée. Il peut s'agir d'un panel incomplet, non équilibré, où les individus ne sont pas observés sur toute la période d'analyse en raison du problème d'entrée/sortie. Par exemple, si nous disposons d'un panel incomplet de 1 000 entreprises observées sur la période 2000-2023, certaines n'existaient pas en 2015 et ont été créées ultérieurement. Par ailleurs, d'autres entreprises existantes en 1990 pourraient avoir disparu de l'échantillon avant 2010, pour diverses raisons (fusion, acquisition, faillite, etc.). Dans ce cas, le cylindrage de l'échantillon n'est pas recommandé en raison du risque de biais de sélectivité, car les entreprises que nous éliminerons de l'échantillon, pour des raisons d'information temporelle incomplète, pourraient ne pas avoir la même typologie que celles observées sur l'ensemble de la période indiquée.
Nous pouvons retrouver plusieurs types de panel tels que :

- Panel équilibré : lorsque toutes les unités sont suivies à chaque date (sans interruption). Autrement dit, le même nombre d'observations est observé pour tous les individus.
- Panel déséquilibré : il s'agit d'un panel où les observations sont manquantes pour certains individus.
- Panel typique : le nombre d'individus N est grand et le nombre de périodes (T) est petit.
- Panel court (long) : lorsque T est petit (grand).
- Panel tournant : un sous-échantillon d'individus est remplacé à chaque période. Les panels tournants peuvent être cylindrés ou non.
- Pseudo panel : obtenu en fusionnant des sections instantanées à différentes périodes, avec des individus différents.

1.1.5 Préparation des données au format de données de panel

Pour analyser les données de panel, les variables doivent être présentées en colonnes, et les entités et le temps en lignes. Ce format est appelé format long.

Entité	Temps	Y	X1	X2	.....
1	1	***	***	***	..
1	2	***	***	***	..
1	3	***	***	***	..
.	.	..	...	..	..
2	1	***	***	***	..
2	2	***	***	***	..
2	3	***	***	***	..
..	..	..	...	..	..
..	..	..	...	..	..
10	1	***	***	***	..
10	2	***	***	***	..
10	3	***	***	***	..
..	..	..	...	..	..

Dans certains cas, la base de données est téléchargée au format large (entité ou temps en colonnes), ce qui nécessite de la redimensionner au format long. Avec Stata, il est impossible d'utiliser des nombres pour les titres de colonnes. Pour cela, il faut ajouter une lettre (x ou y) aux nombres avant l'importation dans Stata. Voici un exemple :

Identifiant	X2000	X2001	X2002	....	X2024
1	***	***	***	***	..
2	***	***	***	***	..
3	***	***	***	***	..
.	..	..	...	..	..
10	***	***	***	***	..
11	***	***	***	***	..
12	***	***	***	***	..
..	..	..	...	..	..
..	..	..	...	..	..
N	***	***	***	***	..

Pour remodeler de la forme large (dans le cas du temps en colonnes) à la forme longue, nous importons des données dans stata et nous pouvons les remodeler en utilisant la commande reshape :

gen *id* = _*n*
order *id*
reshape long *x* , i(*id*) j(*year*)
rename *x gdp*

Pour remodeler de la forme large (dans le cas d'une entité en colonnes) à la forme longue, nous importons des données dans stata et nous pouvons les remodeler en utilisant la commande reshape :

renvars *A-G*, pref(*noun*) : Adding the prefix 'noun' to column names

gen *id* = _*n*

order *id*

reshape long *gdp* , i(*id*) j(*country*) str

Pour remodeler les données qui contiennent plus d'une variable dans la même colonne de la base de données WDI où plus d'une variable se trouve dans la même colonne comme dans l'exemple suivant

Pays/date	Série	YR2000	YR2001	YR2002	YR2003	YR2004
A	S1	2.3	2.6	2.7	3.0	3.3
A	S2	3.7	..	..	..	..
.A	S3	..	..	..	..	..
..	..	..	..	..	..	..
B	S1	..	..	..	..	..
B	S2	5.8	..	..	..	..
B	S3	7.9	..	..	..	..
..	..	..	..	..	..	..
C	S1	..	..	..	..	..
C	S2	..	..	..	..	..
C	S3	..	..	..	..	..
..	..	..	..	..	..	..

Étape 1 : Au format Excel

Remplacer les valeurs manquantes par des blancs

Remplacer les noms des variables par des noms de variables abrégés (par exemple, « Accès à l'électricité (% de la population)» sera remplacé par ATE)

Étape 2 : Importer des données dans Stata

import excel "WDI_data.xlsx", firstrow clear

et taper

reshape long YR , i(CountryCode CountryName SeriesName) j(year)

et puis taper

reshape wide YR, i(CountryCode CountryName year) j(SeriesName) string

Étape finale : enregistrer la nouvelle base de données

```
save "WDI_Wide Panel.dta", replace
```

1.2.Hétérogénéité individuelle

La modélisation économétrique repose sur la modélisation statistique semi-paramétrique. Elle repose sur l'hypothèse d'invariance des paramètres, valeurs caractéristiques des lois probabilistes qui régissent le phénomène observé. Dans le cas de données individuelles, cette hypothèse se traduit par l'homogénéité des comportements. En effet, les paramètres d'élasticité, de propension, de coefficients, etc., s'appliquent à tous les individus de la population. En réalité, les observations sont rarement homogènes, c'est pourquoi les modèles économétriques et statistiques sont adaptés à une hétérogénéité contrôlée.

"*The most important discovery is the evidence on the pervasiveness of heterogeneity and diversity in economic life* " (Heckman, discours du prix Nobel en 2001).

"*It is a basic observation of medical statistics that individuals are dissimilar. Still, there is a tendency to regard this variation as a nuisance, and not as something to be considered seriously in its own right. Statisticians are often accused of being more interested in averages, and there is some truth to this.*" (Aalen, (1998), domaine médical).

L'hétérogénéité est la différence entre les facteurs pertinents pour la prise de décision et connus des agents (Cunha, 2005).

Nous sommes donc en présence d'hétérogénéité lorsque les goûts, les anticipations, les capacités ou les contraintes ne sont pas les mêmes d'un agent à l'autre.

Il existe deux types d'hétérogénéité : l'hétérogénéité observée et l'hétérogénéité non observée

Hétérogénéité observée et non observée.

La distinction entre hétérogénéité observée et non observée est cruciale dans les analyses économiques, notamment lors de la modélisation des comportements individuels ou de l'impact des politiques publiques. Les chercheurs tentent souvent de contrôler ou de prendre en compte autant que possible l'hétérogénéité observée dans leurs modèles. Cependant, l'hétérogénéité non observée peut poser des défis supplémentaires, car elle peut introduire un biais dans les estimations si elle n'est pas correctement gérée.

- Hétérogénéité observée : Il s'agit de différences entre individus directement mesurables ou observables. Par exemple, dans une étude sur les salaires, des variables telles que le niveau d'études, l'expérience professionnelle, le sexe, etc., peuvent être considérées comme des sources d'hétérogénéité observée.
- Hétérogénéité non observée : elle désigne les différences entre individus qui ne sont pas directement mesurées ou observées dans les données disponibles pour l'analyse. Ces différences peuvent être dues à des facteurs non mesurés, tels que des traits de personnalité, des préférences individuelles ou d'autres caractéristiques non observables mais pertinentes.

1.3.Avantages et inconvénients des données de panel :

Les données de panel, également appelées données longitudinales ou données de panel, présentent à la fois des avantages et des inconvénients par rapport à d'autres types de données, comme les données transversales ou les séries chronologiques. Voici quelques-uns de leurs principaux avantages et inconvénients.

1.3.1. Avantages

- Taille de l'échantillon : la taille de l'échantillon est importante, l'augmentation provenant de l'accumulation de données au fil du temps. Les échantillons de panel sont donc plus grands que n'importe quelle coupe provenant d'une même source. L'utilisation d'un nombre élevé de données augmente le nombre de degrés de liberté et réduit la colinéarité entre les variables explicatives, ce qui se traduit par une meilleure convergence et une précision accrue des estimateurs. Dans le cas où nous avons N = 1 000 entreprises observées sur la période 2000-2023 (T = 24), la taille de notre échantillon est N x T = 24 000. Avec un grand nombre N d'individus, nous pouvons donc connaître le rôle des différences entre individus dans le comportement de la variable dépendante. Surtout, le suivi des individus nous renseigne sur l'évolution de leur situation au fil du temps.
- Analyse des effets fixes et aléatoires : les données de panel permettent d'analyser à la fois les effets fixes (différences entre individus qui restent constantes au fil du temps) et les effets aléatoires (variations aléatoires du comportement au fil du temps).
- Effet de sérialité : les données de panel capturent les tendances et la dynamique temporelles au sein des individus, ce qui peut être particulièrement utile pour étudier les phénomènes qui évoluent au fil du temps.

- Efficacité statistique : Les données de panel peuvent être statistiquement plus efficaces que les données transversales ou les séries chronologiques, car elles permettent de contrôler davantage de variables explicatives potentielles et de réduire la variabilité.
- Contrôle des variables individuelles : les données de panel permettent de contrôler les caractéristiques individuelles en décomposant la variabilité totale en variabilité inter-individuelle et variabilité intra-individuelle.
- Variabilité inter-individuelle (betwin groups) : les individus diffèrent en moyenne les uns des autres. Elle identifie la position relative d'un individu par rapport à un individu moyen.
- Variabilité intra-individuelle (Within) : reflète les différences entre la situation de l'individu à chaque date et sa position moyenne sur la période. Elle se décompose elle-même en variabilité inter-temporelle (variations communes aux individus) et variabilité intra-individuelle-temporelle propre à chacun.
- Variabilité inter-temporelle (betwin periods) : elle repose sur le calcul de moyennes par période. Elle reflète les variations agrégées (macroéconomiques, car communes à tous les individus).
- Variabilité intra-individuelle-temporelle (double-within) : La variabilité intra-individuelle-temporelle est basée sur l'écart entre la situation de l'individu n à l'instant t et sa situation moyenne sur les T périodes, sa situation par rapport aux N individus et sa situation par rapport à la moyenne totale sur l'échantillon.

$$Variabilité\,Totale = TSS_{YY} = \sum_{i=1}^{N}\sum_{t=1}^{T}(Y_{it} - \bar{Y})^2 \quad ,avec \;\; \bar{Y} = \frac{1}{NT}\sum_{i=1}^{N}\sum_{t=1}^{T} Y_{it}$$

$$Variabilité\,Inter - individuelle = BSS_{YY} = T\sum_{i=1}^{N}(\bar{Y}_{i0} - \bar{Y})^2 \quad , \quad avec \;\; \bar{Y}_{i0} = \frac{1}{T}\sum_{i=1}^{T} Y_t$$

$$Variabilité\,intra - individuelle = WSS_{YY} = \sum_{i=1}^{N}\sum_{t=1}^{T}(Y_{it} - \bar{Y}_{i0})^2$$

$$TSS_{YY} = BSS_{YY} + WSS_{YY}$$

La variabilité totale de Y est donc la somme de la variabilité entre les moyennes individuelles et de la variabilité dans le temps des Y par rapport à leurs moyennes individuelles.

Dans le cas d'homogénéité, la variabilité inter-individuelle est nulle ($BSS_{YY} = 0$) et la variabilité totale est égale à la variabilité intra-individuelle ($TSS_{YY} = WSS_{YY}$). En revanche, si pour un même individu la valeur de Y ne s'écarte jamais de sa moyenne individuelle (pas de variabilité dans le temps), la variabilité intra-individuelle est nulle. ($WSS_{YY} = 0$) et la variabilité totale est alors égale à la variabilité inter-individuelle ($TSS_{YY} = BSS_{YY}$)

1.3.2. Inconvénients :

- Coût et complexité de la collecte : La collecte de données de panel peut être coûteuse et prendre du temps, car elle nécessite de suivre les mêmes individus sur une période prolongée.
- Problèmes de corrélation sérielle : les données de panel peuvent être sujettes à des problèmes de corrélation sérielle, où des observations successives sur le même individu sont corrélées, ce qui peut violer les hypothèses des tests statistiques.
- Problèmes de spécification du modèle : la spécification du modèle dans les données de panel peut être complexe, en particulier pour gérer correctement l'hétérogénéité individuelle et temporelle.
- Problème de données manquantes : les observations manquantes ou incomplètes sont fréquentes en pratique. Cela est souvent dû aux difficultés de suivi longitudinal des individus. Il est donc difficile de réaliser certains tests nécessitant un cylindrage des panels.
- Problème de stabilité des comportements dans le temps : Les comportements sont généralement stables dans le temps, d'où les modèles où les erreurs sont souvent auto-corrélées, les écarts types des coefficients doivent être évalués avec précaution, au risque d'avoir des valeurs de t de Student significativement surestimées.

1.4.Modélisation et spécification de modèles de données de panel

1.4.1. Modélisation des données de panel

Les données de panel, ou données longitudinales, ont des dimensions à la fois individuelles et temporelles et présentent les valeurs des variables considérées, collectées pour un ensemble, ou panel, d'individus sur une période donnée. Par conséquent, le modèle de données de panel s'écrit comme un modèle à double indice, dont la forme est la suivante :

$$y_{it} = \alpha_i + \sum_k \beta_k x_{kit} + \varepsilon_{it} \qquad i = 1, \dots, N \; et \; t = 1, \dots, T$$

Nous utilisons une notation à deux indices : i pour l'individu et t pour le temps. Les variables explicatives x_{kit}varient dans le temps.

La double dimension offerte par les données de panel est un atout majeur. En effet, dans le cas des séries temporelles, les données permettent d'étudier l'évolution des relations au cours du temps, elles ne permettent pas de contrôler l'hétérogénéité entre les individus.

À l'inverse, les données transversales permettent d'analyser l'hétérogénéité entre individus, mais elles ne peuvent prendre en compte les comportements dynamiques, la dimension temporelle étant exclue du champ d'analyse. Prenons l'exemple introductif d'un panel composé de deux individus (N = 2) et connu sur trois périodes (T = 3), soit un total de NT = 6 observations et avec k = 2 variables explicatives.

Le modèle est écrit sous la forme suivante $y_{it} = a_{0i} + a_{1i}x_{1it} + a_{2i}x_{2it} + \varepsilon_{it}$

y_{it}: variables endogènes observées pour l'individu i à la période t

x_{1it}et x_{2it}: variables explicatives observées pour l'individu i à l'instant t.

a_{1i} et a_{2i}: coefficients des deux variables exogènes pour l'individu i.

a_{0i}: terme constant pour l'individu i

ε_{it}: terme d'erreur pour l'individu i à la période t

Nous avons donc six observations

$$Indinvidul1 \quad \begin{cases} y_{11} = a_{01} + a_{11}x_{111} + a_{21}x_{211} + \varepsilon_{11} \\ y_{12} = a_{01} + a_{11}x_{112} + a_{21}x_{212} + \varepsilon_{12} \\ y_{13} = a_{01} + a_{11}x_{113} + a_{21}x_{213} + \varepsilon_{13} \end{cases}$$

$$Indinvidul2 \quad \begin{cases} y_{21} = a_{02} + a_{12}x_{121} + a_{22}x_{221} + \varepsilon_{21} \\ y_{22} = a_{02} + a_{12}x_{122} + a_{22}x_{222} + \varepsilon_{22} \\ y_{23} = a_{02} + a_{12}x_{123} + a_{22}x_{223} + \varepsilon_{23} \end{cases}$$

Sous forme matricielle, le dernier modèle sera

$$\begin{bmatrix} y_{11} \\ y_{12} \\ y_{13} \\ y_{21} \\ y_{22} \\ y_{23} \end{bmatrix} = \begin{bmatrix} 1 & 0 & x_{111} & 0 & x_{211} & 0 \\ 1 & 0 & x_{112} & 0 & x_{212} & 0 \\ 1 & 0 & x_{113} & 0 & x_{213} & 0 \\ 0 & 1 & 0 & x_{121} & 0 & x_{221} \\ 0 & 1 & 0 & x_{122} & 0 & x_{222} \\ 0 & 1 & 0 & x_{123} & 0 & x_{223} \end{bmatrix} \cdot \begin{bmatrix} a_{01} \\ a_{02} \\ a_{11} \\ a_{12} \\ a_{12} \\ a_{22} \end{bmatrix} + \begin{bmatrix} \varepsilon_{11} \\ \varepsilon_{12} \\ \varepsilon_{13} \\ \varepsilon_{21} \\ \varepsilon_{22} \\ \varepsilon_{23} \end{bmatrix}$$

Si les hypothèses classiques sur les erreurs sont respectées (homoscédasticité et indépendance temporelle) et que celles-ci sont indépendantes d'un individu à l'autre, on peut appliquer la méthode des moindres carrés pour chacune des N équations relatives aux individus. Dans le cas où l'hypothèse d'indépendance entre individus n'est plus vérifiée, l'estimateur MCO n'est plus BLEU.

1.4.1.1. Spécification du modèle de données de panel

Considérez le modèle suivant :

$$y_{it} = a_{0i} + b'_i x_{1it} + \varepsilon_{it} \quad with\ i = 1,2,\dots,N\ et\ t = 1,2,\dots T_i$$

y_{it}: variable endogène observée pour l'individu i à la période t

x_{it}: vecteur de k variables explicatives observées $x'_{it} = (x_{1it}, x_{2it} \dots, x_{kit})$ pour l'individu i à l'instant t

b_i : vecteur de k coefficients pour k variables exogènes $b'_i = (b_{1i}, b_{2i} \dots, b_{ki})$ pour l'individu i.

a_{0i}: terme constant pour l'individu i

ε_{it}: terme d'erreur pour l'individu i à l'instant t

A partir de cette spécification générale, nous pouvons considérer quatre possibilités :

- 1er cas : Homogénéité totale

  Les constantes a_{0i}et les coefficients b'_isont tous identiques pour tous les individus, on a $a_{0i} = a_0$ et $b'_i = b'$ pour toutes les valeurs de i. Le modèle ne comporte qu'une seule équation estimée sur des observations NT empilées par les MCO.

- 2ème cas : hétérogénéité totale

  Les constantes a_{0i} et les coefficients b'_i étant tous différents pour toutes les valeurs de i, la structure en panel est rejetée. Le modèle doit être estimé équation par équation pour N équations (une équation par individu) par la méthode des MCO.

- 3ème cas : hétérogénéité des coefficients des variables exogènes et homogénéité des termes constants

  Les constantes a_{0i} sont identiques ($a_{0i} = a_0$) pour les individus, mais les coefficients de b'_i l'exogène sont différents pour chacun. Comme dans le deuxième cas, le panel est rejeté et le modèle doit être estimé équation par équation pour N équations (une équation par individu) par la méthode des moindres carrés ordinaires.

- 4ème cas : hétérogénéité des termes constants et homogénéité des coefficients des variables exogènes : modèle à effets individuels

  Les constantes a_{0i} sont différentes pour les individus, mais les coefficients b'_i sont identiques ($b'_i = b'$) pour tous les individus, ce modèle est appelé modèle à effet individuel

1.4.1.1.1. Construction des tests

Le choix de la spécification (homogénéité ou hétérogénéité) est très important. Afin de déterminer la structure du panel, Hasio (1986) propose une procédure séquentielle de tests permettant de définir le cas dans lequel on se situe.

Les tests d'hypothèses sont construits à partir des statistiques de Fisher (test de Wald des restrictions sur les coefficients)

Test d'homogénéité totale

$$H_0^1 : \; a_{i0} = a_0 \; et \; b'_i \; = \; b' \;\; \forall i$$

Ce test d'hypothèse conjoint se réduit à un test de Fisher dont la statistique est donnée par :

$$F_1 = \frac{\dfrac{SSR_{c1} - SSR}{(N-1)(k+1)}}{\dfrac{SSR}{(N.T - N(K+1))}}$$

Où

- SSR : somme des carrés des résidus du modèle sans contrainte, égale à la somme des N sommes des carrés des résidus estimés sur les T observations de chaque équation. Soit $SSR = \sum_{i=1}^{N} SSR_i$ donc le degré de liberté égal à la somme des N degrés de liberté de chaque équation estimée, ou $dfd = \sum_{I=1}^{N} (T - (K+1) = N.T - N(K+1)$

- SSR_{c1} est la somme des carrés des résidus du modèle contraint sous l'hypothèse H_0^1. Soit le modèle estimé par la méthode des moindres carrés ordinaires en empilant toutes les observations. Le degré de liberté est égal à NT = nombre d'observations – (K+1) = nombre de coefficients à estimer.
- Le degré de liberté du numérateur est donc la différence entre les deux degrés de liberté de SCR_c1 et SCR

$$dfn = (N.T - (K+1) - \big((N.T - N(K+1)\big) = \; (N-1)(k+1)$$

La F_1statistique doit être comparée à la valeur tabulée (lue à partir de la table de Fisher) aux degrés de liberté du numérateur et du dénominateur de F_1. Si $F_1 > F^{\alpha}{}_{(dfn,dfd)}$ nous rejetons H0 à la valeur critique α .

Coefficients b $_i$ test d'homogénéité

$$H_0^2 : \; b' = b'_i \quad \forall i$$

Ce test d'hypothèse se réduit au test de Fisher dont la statistique est donnée par :

$$F_2 = \frac{\dfrac{SSR_{c2} - SSR}{(N-1)k}}{\dfrac{SSR}{(N.T - N(K+1))}}$$

Où

- SSR_{c2} est la somme des carrés des résidus du modèle contraint sous l'hypothèse H_0^2, c'est-à-dire pour estimer le modèle individuel à effets fixes. Le degré de liberté est égal à (NT = nombre d'observations) - (K + N = nombre de coefficients à estimer), on estime k coefficients et N termes constants.
- SCR est la somme des carrés des résidus du modèle non contraint.
- Le degré de liberté du numérateur est égal à

$$dfn = (N.T - (K+1) - \big((N.T - N(K+1)\big) \\ = \; (N-1).k$$

Si $F_2 > F^{\alpha}{}_{(dfn,dfd)}$ nous rejetons H_0^1 à la valeur critique α

Test d'homogénéité constante a_{i0}

$$H_0^3 \colon a_{0i} = a_0 \quad \forall i$$

Comme les tests précédents, ce test est un test de Fisher dont la statistique est

$$F_3 = \frac{\dfrac{SSR_{c1} - SSR_{c2}}{(N-1)}}{\dfrac{SSR_{c2}}{(N.(T-1) - K)}}$$

Où

- SSR_{c2} est la somme des carrés des résidus du modèle contraint sous hypothèse H_0^2
- SCR_{c1} est la somme des carrés des résidus du modèle contraint sous l'hypothèse H_0^1,
- Le degré de liberté du numérateur est égal à

$$dfn = (N.T - (K+1) - \big((N.T - (K+N)\big) = N - 1$$

- Si $F_2 > F^{\alpha}{}_{(dfn,dfd)}$ nous rejetons H_0^1 à la valeur critique α

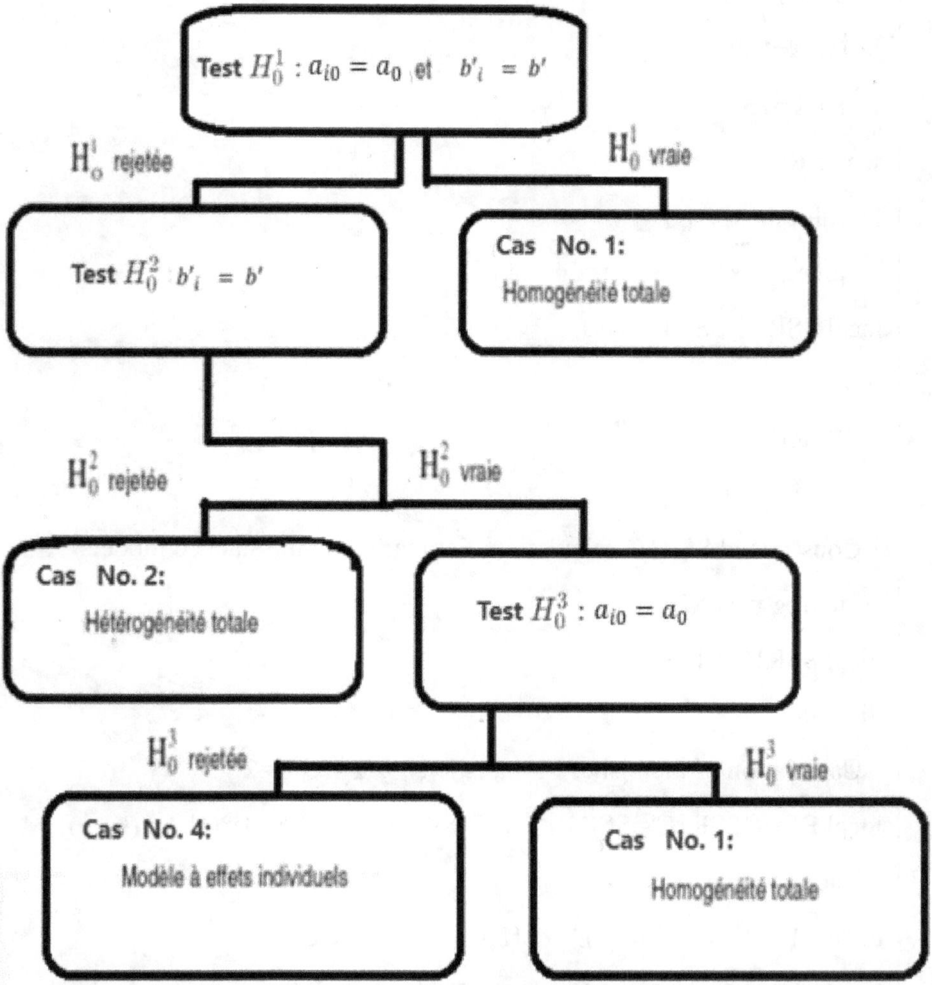

Figure 1 : Procédure séquentielle du test de spécification de Hsiao (1986)

1.4.1.1.2. Code Stata de Hsaio (1986) pour la spécification du modèle

Nous fournissons le programme du test de spécification des données de panel sur Stata. Chaque étudiant ou chercheur doit l'adapter à ses propres données en modifiant le nombre d'individus N, la période T, le nombre de variables explicatives et la notation des variables.

```
set more off
```

```
local SSR1=0
scalar N=9
scalar T=25
scalar K=2
forvalues i=1/9 {
   qui reg y x1 x2 if id ==`i'
local SSR1=`SSR1'+e(rss)
   }
di `SSR1'

* Constrained SSR1C calculation: Estimation on the stacked model
   qui reg y x1 x2
local SSR1C=e(rss)
di `SSR1C'
* Calculation of the Fisher F1 statistic N=9 T=25 K=2
local F1=((`SSR1C'-`SSR1')*(N*T-N*(K+1)))/(`SSR1'*(N-1)*(K+1))
* The  P_value of F1
di "dof1 = " (N-1)*(K+1) "  dof2 = " (N*T-N*(K+1))
local PVF1=Ftail((K+1)*(N-1),(N*T-N*(K+1)),`F1')
* Calculation of SSR1CP: estimation of the individual effects model
xtreg y x1 x2,fe
local SSR1CP=e(rss)
di `SSR1CP'
*Calculation of the Fisher F2 statistic
local F2=((`SSR1CP'-`SSR1')*(N*T-N*(K+1)))/(`SSR1'*(N-1)*K)
*The P_value of F2
di "dof1 = " K*(N-1) "  dof2 = " (N*T-N*(K+1))
```

```
local PVF2=Ftail(K*(N-1),(N*T-N*(K+1)),`F2')
* Calculation of the Fisher F3 statistic
local F3=(`SSR1C'-`SSR1CP')*(N*(T-1)-K)/(`SSR1CP'*(N-1))
*The P_value of F3
di "dof1 = " (N-1) " dof2 = " (N*(T-1)-K)
local PVF3=Ftail((N-1),(N*(T-1)-K),`F3')
* Displaying results
di in y " SSR1 = " in gr `SSR1'
di in y " SSR1C = " in gr `SSR1C'
di in y " SSR1CP = " in gr `SSR1CP'


di in y "F1 = " in gr `F1'
di in y "F2 = " in gr `F2'
di in y "F3 = " in gr `F3'


di in y "PvalF1 = " in gr `PVF1'
di in y "PvalF2 = " in gr `PVF2'
di in y "PvalF3 = " in gr `PVF3'
```

1.4.1.2. Vérification de la linéarité des données du panel

Tester la linéarité des modèles de données de panel est essentiel pour garantir que la relation entre la variable dépendante et indépendante est correctement spécifiée. Si la relation réelle est non linéaire, l'utilisation d'un modèle linéaire peut conduire à des estimations biaisées et incohérentes.

Une étude graphique de la linéarité des données de panel consiste à visualiser la relation entre les variables au fil du temps et entre les entités afin d'évaluer leur linéarité. Les données de panel, également appelées séries chronologiques longitudinales ou transversales, sont constituées d'observations portant sur plusieurs entités (par exemple, individus, entreprises, pays) sur plusieurs périodes. Voici comment réaliser une étude graphique de la linéarité des données de panel :

1.4.1.2.1. Étude graphique

Nous pouvons réaliser une étude graphique de la linéarité des données de panel à l'aide de diverses techniques. Nous définissons ici la technique et présentons simultanément son application.

- **Nuages de points avec lignes ajustées**

Les nuages de points avec des lignes ajustées aident à visualiser la relation entre deux variables et à déterminer si un modèle linéaire est approprié.

Dans ce cas, si les points se regroupent autour de la ligne droite rouge, la relation est probablement linéaire. Si les points forment une courbe, la relation peut être non linéaire.

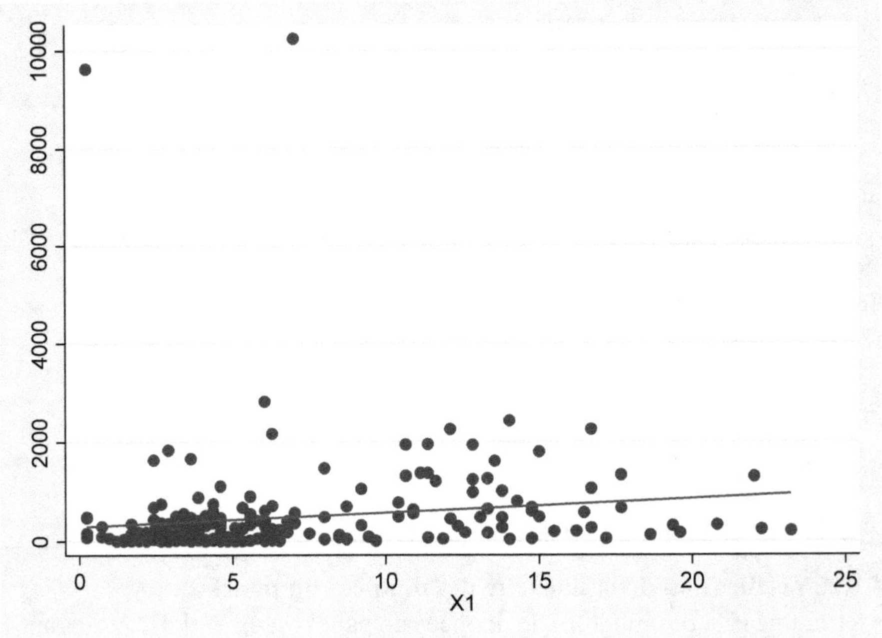

Dans cet exemple, un modèle purement linéaire pourrait ne pas être idéal en raison de la forme des données et de l'hétéroscédasticité potentielle.

- **Nuage de points avec une ligne LOWESS (lissée)**

Le lisseur LOWESS est une méthode non paramétrique qui capture les modèles non linéaires potentiels. Si la courbe LOWESS suit étroitement la courbe d'ajustement linéaire, la relation est probablement linéaire. Si la courbe LOWESS est fortement courbée, un modèle non linéaire pourrait être plus adapté.

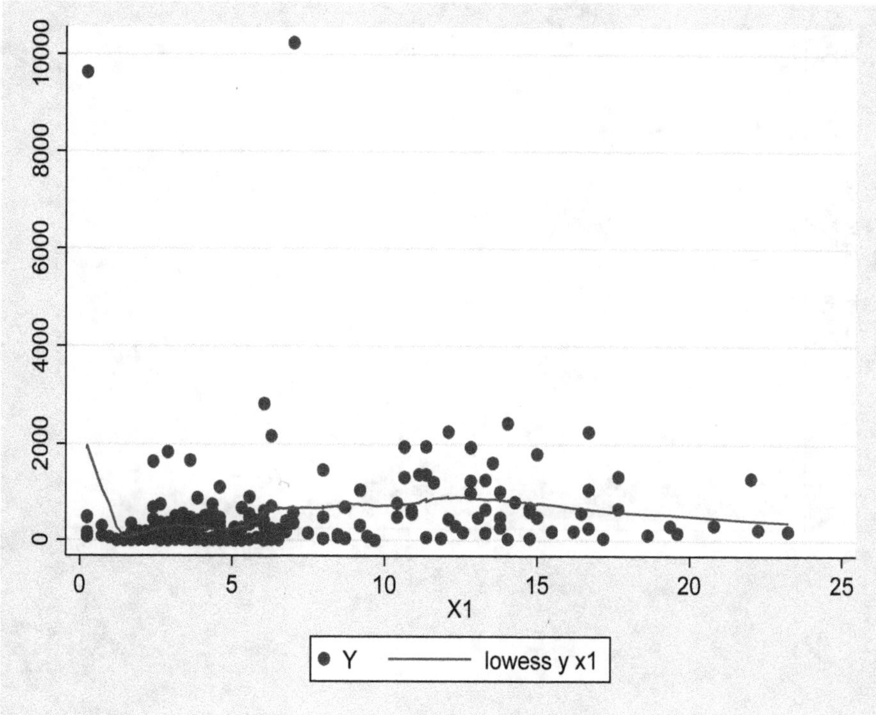

La courbe de LOWESS (ligne rouge) n'est pas une droite, ce qui suggère une non-linéarité dans la relation entre Y et X1. La courbe fluctue, indiquant que l'effet de X1 sur Y n'est pas constant.

- **Graphique des résidus partiels**

Un graphique de component plus-residuals (CPC), également appelé en français graphique des résidus partiels, permet de visualiser la non-linéarité d'un modèle de régression. Il montre comment un prédicteur (X1) affecte la variable dépendante (Y) tout en tenant compte des autres variables du modèle. Pour créer un graphique CPC pour Y et X1, procédez comme suit : estimez d'abord le modèle de régression (reg y x1), puis générez le graphique CPC (cprplot x1). Si les points suivent une ligne droite, la relation entre Y et X1 est linéaire. Si les points se courbent ou s'écartent, un modèle non linéaire peut être plus approprié.

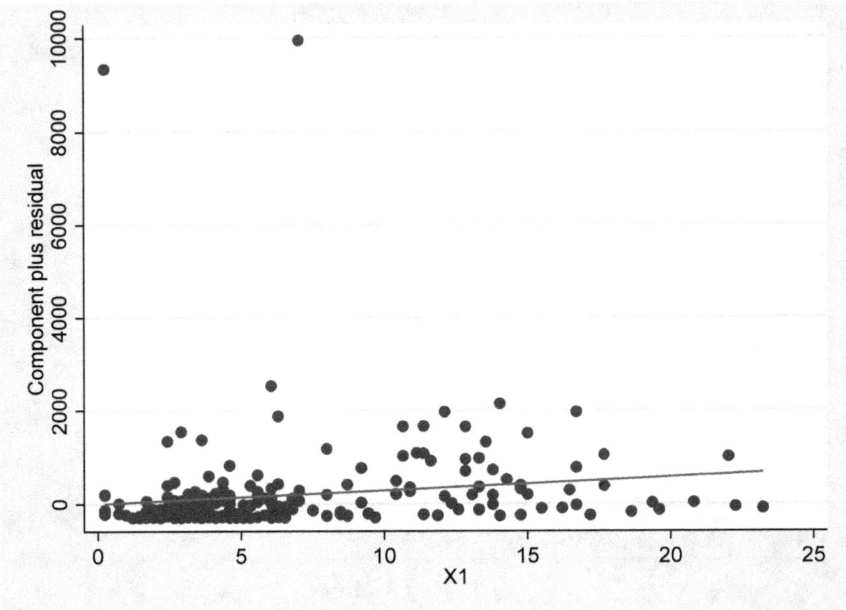

La courbe verte ajustée est globalement plate, mais légèrement courbée, suggérant une linéarité faible, voire inexistante. La dispersion des résidus augmente avec X1, ce qui pourrait indiquer une hétéroscédasticité.

- **Estimation de la densité du Kernel (KDE) pour les résidus**

L'estimation de la densité du Kernel (KDE) permet de visualiser la distribution des résidus afin de vérifier leur normalité et leur éventuelle asymétrie dans une analyse de régression. Si les résidus sont normalement distribués et centrés autour de zéro, cela suggère que le modèle (par exemple, un modèle de régression linéaire) est bien ajusté aux données. Des écarts à la normalité (par exemple, asymétrie, pics multiples ou queues lourdes) peuvent indiquer que la relation n'est pas linéaire ou que le modèle est mal spécifié. Avec Stata, nous estimons d'abord le modèle de régression (reg y x1), puis nous estimons le résidu (predict res, residual) et enfin, nous générons l'estimation de la densité du Kernel du résidu (kdensity res, normal title("Kernel Density of Residuals"))

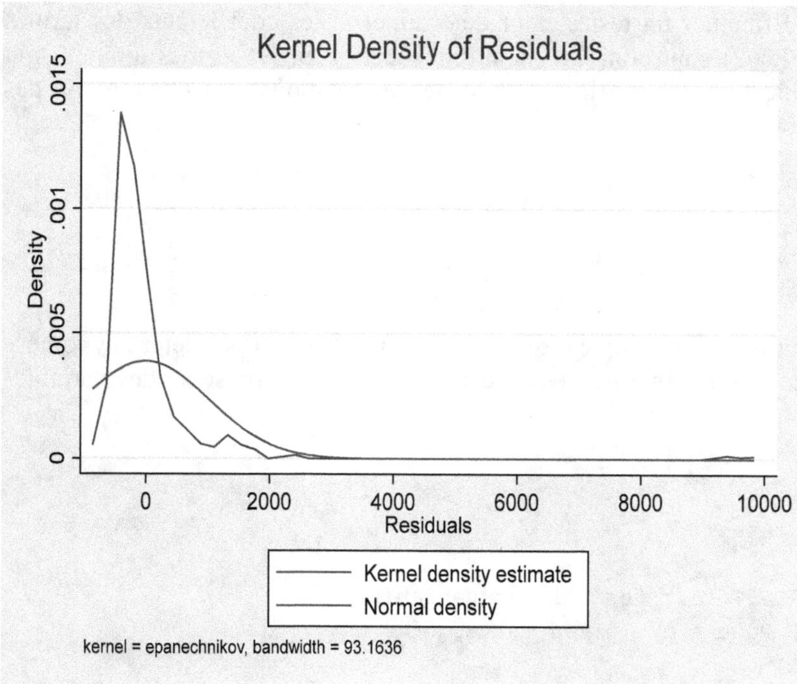

Les résidus ne correspondent pas étroitement à la densité normale, ce qui suggère que les résidus ne sont pas distribués normalement, ce qui est cohérent avec les hypothèses de la régression non linéaire.

1.4.1.2.2. Tests de linéarité

- **Le test Ramsey RESET**

Le test d'erreur de spécification de régression (RESET) de Ramsey est un test statistique utilisé pour détecter la non-linéarité et le biais de variable omise dans les modèles de régression. Il vérifie si les combinaisons non linéaires des valeurs ajustées (par exemple, les termes au carré ou au cube) ont un pouvoir explicatif dans le modèle. Si tel est le cas, cela suggère que le modèle est peut-être mal spécifié et que la relation entre les variables dépendantes et indépendantes n'est peut-être pas linéaire.

Ce test est généré comme suit :

Étape 1 : ajuster le modèle de régression linéaire$y_{it} = \alpha_O + \alpha_1 X_{1,it} + \varepsilon_{it}$

Étape 2 : générer la valeur ajustée $\hat{y}$ à partir du modèle

Étape 3 : ajouter les valeurs ajustées $\hat{y}^2 and\ \hat{y}^3$et réestimer le modèle

$$y_{it} = \alpha_O + \alpha_1 X_{1,it} + \delta_1 \hat{y}^2{}_{it} + \delta_2 \hat{y}^3{}_{it} + \varepsilon_{it}$$

Étape 4 : Effectuer un test F pour déterminer si les coefficients des termes ajoutés (γ1, γ2) sont conjointement significatifs. Si les termes ajoutés sont significatifs, le modèle original présente des relations non linéaires ou des variables omises.

Avec stata on tape :

reg y x1

estat ovtest

Si la valeur p est inférieure au seuil de signification (0,05), rejeter l'hypothèse nulle. Cela indique que le modèle est non linéaire ou présente des variables omises.

```
. estat ovtest

Ramsey RESET test for omitted variables
Omitted: Powers of fitted values of y

H0: Model has no omitted variables

F(3, 220) =   4.15
 Prob > F = 0.0069
```

Les résultats du test RAMSEY montrent une valeur p inférieure à 5 %, indiquant que notre modèle principal est non linéaire.

- **Test de Wald pour la non-linéarité**

Le test de Wald est un test statistique utilisé pour déterminer si certains paramètres d'un modèle sont conjointement significatifs. Dans le cadre des tests de non-linéarité, le test de Wald permet d'évaluer la significativité statistique des termes non linéaires (termes quadratiques ou d'interaction) d'un modèle de régression. Si ces termes sont significatifs, cela suggère que la relation entre les variables dépendantes et indépendantes est non linéaire.

Pour appliquer le test de Wald, nous devons suivre ces étapes :

1. Ajuster un modèle qui inclut des termes non linéaires (termes quadratiques ou termes d'interaction).
2. Utilisez le test de Wald pour tester la signification conjointe des termes non linéaires.

- H0 : Les coefficients des termes non linéaires ne sont pas significatifs (linéarité)
- H1 : Au moins un des coefficients est significatif (non-linéarité)

Avec Stata, nous générons une variable indépendante au carré (gen x1_sq = x1^2) puis nous estimons le modèle avec x1_sq comme variable explicative, et enfin, nous testons la signification conjointe des termes non linéaires (x1_sq)

```
. test x1_sq

 ( 1)  x1_sq = 0

       F(  1,   222) =    0.63
            Prob > F =    0.4286
```

Le résultat du test de Wald montre que la valeur p est supérieure au seuil de signification (0,05). Nous acceptons donc l'hypothèse nulle. Cela indique que les termes linéaires ne sont pas significatifs, suggérant une linéarité de la relation.

- **Régression spline**

La régression spline est une approche flexible de modélisation des relations non linéaires. Elle consiste à diviser la plage d'une variable indépendante en segments (ou « nœuds ») et à ajuster des modèles linéaires distincts à chaque segment. Cela permet de capturer des schémas non linéaires dans les données sans adopter de forme fonctionnelle spécifique (quadratique ou cubique). La régression spline est particulièrement utile pour tester la linéarité, car elle permet de révéler si la relation entre les variables dépendantes et indépendantes s'écarte d'une ligne droite.

Pour effectuer une régression spline dans Stata, nous devons suivre ces étapes

Étape 1 : Générer des termes Spline : (mkspline x1_spline = x1, nknots(3) cubic), cela crée trois segments linéaires pour x1 avec deux nœuds.

Étape 2 : Inclure les termes spline dans le modèle de régression (regress y x1_spline*)

Étape 3 : Test de non-linéarité : Utilisez la commande test pour tester si les coefficients des termes splines sont conjointement significatifs

Si la valeur p est inférieure à 0,05, rejetez l'hypothèse nulle. Cela indique que la relation est non linéaire.

```
. test x1_spline2 x1_spline2

 ( 1)  x1_spline2 = 0

       F(  1,   222) =    0.07
            Prob > F =    0.7981
```

La valeur p de cet exemple est supérieure à 5 %, ce qui indique que le modèle est linéaire.

Conclusion

Ce chapitre a présenté les concepts fondamentaux de l'analyse des données de panel, soulignant ses avantages pour saisir les variations transversales et temporelles. Nous avons exploré les étapes essentielles de la modélisation des données de panel, de l'importation des données dans Stata aux méthodes de remodelage permettant de transformer les ensembles de données en un panel adapté. De plus, nous avons abordé la question de l'hétérogénéité des données de panel et examiné les principaux tests de spécification des modèles, tels que ceux proposés par Hsiao (1986), qui aident à déterminer la structure appropriée du modèle.

Sur cette base, les chapitres suivants approfondiront les techniques avancées de données de panel. Le chapitre 2 se concentrera sur les tests de dépendance transversale et de racine unitaire, répondant à la nécessité d'évaluer la stationnarité tout en tenant compte des dépendances potentielles entre les unités du panel. Le chapitre 3 présentera les modèles de panel linéaires, notamment les modèles à effets individuels, les modèles dynamiques, les modèles ARDL et les modèles de panel cointégrés. Enfin, le chapitre 4 explorera les modèles de panel non linéaires, tels que la régression à seuil de panel (PTR), la régression à transition douce de panel (PSTR), l'ARDL à seuil et la régression quantile, qui permettent de prendre en compte les changements de régime et les relations asymétriques dans les ensembles de données de panel.

En établissant les aspects théoriques et pratiques de la préparation des données de panel, ce chapitre ouvre la voie à une exploration plus approfondie des techniques de modélisation économétrique dans les sections suivantes du livre.

Chapitre 2
Tests de dépendance transversale et de racine unitaire pour les données de panel

Dans l'analyse économétrique moderne, les données de panel sont devenues un élément fondamental de la compréhension des relations économiques complexes dans le temps et l'espace. Cependant, leur analyse présente son lot de défis, notamment en ce qui concerne la dépendance transversale et la non-stationnarité. Ce chapitre examine deux aspects essentiels de l'analyse des données de panel : les tests de dépendance transversale et l'évolution des tests de racine unitaire de panel sur trois générations.

La dépendance transversale apparaît lorsque les unités d'un panel (par exemple, les pays, les entreprises) sont influencées par des chocs communs ou présentent des interdépendances. Ignorer cette dépendance peut conduire à des estimateurs biaisés et inefficaces. Ce chapitre présente des tests clés pour détecter la dépendance transversale, tels que le test CD de Pesaran (2004) et le test LM de Breusch-Pagan. Ces tests aident les chercheurs à identifier l'existence de corrélations entre les unités, garantissant ainsi que les analyses ultérieures tiennent compte de ces dépendances.

Le chapitre explore ensuite le développement des tests de racine unitaire de panel, essentiels pour déterminer si les variables d'un panel sont stationnaires ou présentent une racine unitaire. Ces tests ont considérablement évolué au fil du temps :

Les tests de première génération, tels que ceux de Levin-Lin-Chu (2002) et d'Im-Pesaran-Shin (2003), supposent une indépendance transversale. Compte tenu de la prévalence de cette dépendance transversale, les tests de deuxième génération, comme le test CIPS de Pesaran (2007), intègrent des corrélations transversales. Ces tests sont plus robustes pour l'analyse d'ensembles de données interconnectés, comme les données macroéconomiques internationales.

Les dernières avancées permettent de traiter des complexités supplémentaires, telles que les ruptures structurelles et les non-linéarités. Les tests de Lee et Tieslau (2019) permettent de prendre en compte les ruptures structurelles. Ces tests offrent une compréhension plus nuancée des données de panel en présence de complexités réelles.

En intégrant les tests de dépendance individuelle et les trois générations de tests de racine unitaire de panel, ce chapitre fournit aux chercheurs les outils nécessaires pour réaliser des analyses de données de panel robustes et fiables, garantissant des inférences précises en présence d'interdépendances et de non-stationnarité. Ce chapitre présente également l'application de chaque test présenté avec Stata et/ou R.

Pour toutes les applications, nous utilisons la même base de données concernant les dépenses d'éducation sur 25 ans (variable endogène notée y) pour neuf pays. Les variables exogènes proposées sont les dépenses militaires en milliers de dollars pour le pays i à la date t notées x_1 et la variation du PIB en milliers de dollars pour le pays i à la date t notée x_2.

2.1. Tests de dépendance transversale (individuelle)

2.1.1. Comprendre la dépendance transversale

En économétrie et en statistique, la dépendance individuelle (ou dépendance transversale, en anglais cross-sectional dependence) désigne le phénomène où les observations d'un même individu (ou entité) dans un panel sont corrélées entre elles, ou lorsque les individus sont interdépendants (par exemple, des entreprises d'un même secteur, des pays.

Plusieurs facteurs peuvent expliquer cette dépendance tels que l'effets de contagion (crises économiques, pandémies), interconnexions sectorielles (même industrie, mêmes fournisseurs), liens géographiques (pays voisins, régions intégrées) et variables omises (facteurs communs non mesurés, comme des politiques globales). Cette dépendance transversale peut causer plusieurs risques tels que : Sous-estimation des écarts-types (intervalles de confiance trop étroits), risque de faux positifs (rejet erroné de l'hypothèse nulle), et biais des estimateurs dans les modèles OLS classiques.

Considérons un modèle de données de panel sous une forme générale :

$$y_{it} = f(x_{it}, \theta) + \varepsilon_{it} \qquad (2.1)$$

Avec y_{it} et l'observation du i ème individu à l'instant t, et x_{it} un vecteur (kx1) de régresseurs spécifiques à l'individu observés sur le i ème individu à l'instant t pour $i = 1,2, \dots, N \; et \; t = 1,2, \dots, T$

Cette régression est aussi générale que possible et prend en compte les variables non stationnaires.

Le vecteur d'erreur est $\varepsilon_{.t} = [\varepsilon_{1t}, \varepsilon_{2t}, \dots, \varepsilon_{Nt}]'$ supposé être iid. Avec $E(\varepsilon_{.t}) = 0, \; et \; E(\varepsilon_{.t}\varepsilon_{.t}') = \Omega$

Soient $\lambda_1, \lambda_2, \dots, \lambda_N$ les valeurs propres de la matrice Ω. La dépendance transversale est faible lorsque $\lambda_N = O_p$ (2.2)

2.1.2. Test de dépendance transversale de Moran (1948)

Lorsque les unités transversales admettent un ordre invariant dans le temps, comme dans les applications spatiales, la dépendance transversale est testée par rapport à une matrice de connexion prédéfinie. Ce test est généralement envisagé pour une seule unité transversale, mais il peut être étendu à un panel. Dans le contexte de (2.2), la dépendance spatiale des erreurs peut être modélisée à l'aide de la matrice de pondération spatiale $W = (w_{it})$.

$u_{it} = \lambda\left(\sum_{j=1}^{N} w_{ij} u_{jt}\right) + \sigma_i \varepsilon_{it} \quad for\ i = 1,2, \dots ; N$ (2.3)

Pour $\varepsilon_{it} \sim IID(0,1)$ tous les i et t, les pondérations spatiales w_{it} sont généralement supposées prédéfinies, et la dépendance transversale des erreurs est étudiée en testant l'hypothèse nulle $(H_0 : \lambda = 0)$. La théorie statistique derrière les tests pour λ = 0 est examinée, par exemple, dans Anselin (1988), Anselin, Gallo et Jayet (2008), Haining (2003), avec d'autres résultats et extensions fournis dans Baltagi, Song et Koh. (2003).

Dans les applications économiques, il est possible d'utiliser la distance économique, comme les modèles de commerce ou de production, pour calibrer la matrice spatiale. Cela permet, par exemple, de faire varier les pondérations spatiales au fil du temps. D'autres extensions sont également possibles. Cependant, en dernière analyse, le test de dépendance spatiale (autocorrélation) pourrait dépendre de manière critique du choix de W. Cela pourrait être inévitable pour des individus purs (échantillon transversal), bien que dans un contexte de panel, il soit possible de développer d'autres types de tests indépendants de W.

Application avec Stata

- Installation des packages :
- **ssc install spatwmat** , installez le package pour créer des matrices de pondération spatiale.
- **ssc install spatdiag**, installer le package pour les diagnostics d'espace, y compris le test de Moran.
- Création de la matrice de pondération spatiale :

spatwmat, name(W) xcoord(x1) ycoord(x2) band(0 45) binary

créez une matrice de pondération spatiale en utilisant les coordonnées de longitude et de latitude, et nommez cette matrice W.

- Calcul de l'indice de Moran :

reg x1 x2

spatdiag, poids (W)

effectuer le test de Moran sur la variable d'intérêt en utilisant la matrice de pondération W.

Résultats : base de données panel t=21 et i=45 nous obtenons les résultats suivants :

```
. spatwmat, name(W) xcoord(x1) ycoord(x2) band(0 45) bi


The following matrix has been created:

1. Distance-based binary weights matrix W
   Dimension: 987x987
   Distance band: 0 < d <= 45
   Friction parameter: 1
   Minimum distance: 0.0
   1st quartile distance: 17.6
   Median distance: 37.8
   3rd quartile distance: 68.8
   Maximum distance: 323.2
   Largest minimum distance: 44.22
   Smallest maximum distance: 162.22
```

```
. spatdiag, weights(W)

Diagnostic tests for spatial dependence in OLS regression

Fitted model
------------------------------------------------------------
x1 = x2
------------------------------------------------------------

Weights matrix
------------------------------------------------------------
Name: W
Type: Distance-based (binary)
Distance band: 0.0 < d <= 45.0
Row-standardized: No
------------------------------------------------------------

Diagnostics
------------------------------------------------------------
Test                           |  Statistic    df    p-value
-------------------------------+----------------------------
Spatial error:                 |
  Moran's I                    |      1.602     1      0.109
  Lagrange multiplier          |    2.0e+04     1      0.000
  Robust Lagrange multiplier   |    2.0e+04     1      0.000
                               |
Spatial lag:                   |
  Lagrange multiplier          |      0.218     1      0.640
  Robust Lagrange multiplier   |    292.342     1      0.000
------------------------------------------------------------
```

Les résultats du test de Moran (1948) montrent que les variables x1 et x2 en niveau ne présentent pas de dépendance spatiale. En revanche, le test LM montre une dépendance transversale entre x1 et x2.

2.1.3. Le test de dépendance transversale de Breusch et Pagan (1980)

Dans le contexte SURE[2] (Seemingly Unrelated Regression Equations, en français "équations de régression en apparence indépendantes ou équations simultanées"), avec N fixé et T → ∞, Breusch et Pagan (1980) ont proposé une statistique de multiplicateur de Lagrange (ML) pour tester l'hypothèse nulle d'absence de corrélation des erreurs entre équations croisées. Ce test est particulièrement simple à calculer et ne nécessite pas d'estimation du système de modèles SURE. Ce test repose sur la statistique ML suivante :

$$CD_{tm} = T\sum_{i=1}^{N-1}\sum_{j=i+1}^{N}\hat{\sigma}_{ij}^{2} \qquad (2.4)$$

Avec $\hat{\sigma}_{ij}$est l'estimation de la corrélation par paires des résidus.

Plus précisément,

$$\hat{\sigma}_{ij} = \hat{\sigma}_{ji} = \frac{\sum_{t=1}^{T} e_{it}e_{jt}}{(\sum_{t=1}^{T} e_{it}^{2})^{1/2}\left(\sum_{t=1}^{T} e_{jt}^{2}\right)^{1/2}} \qquad (2.5)$$

et e_{it} est l'estimateur des moindres carrés ordinaires (MCO) de u_{it} défini par

$$e_{it} = y_{it} - \hat{\alpha}_i - \hat{\beta}'_i x_{it}$$

Avec $\hat{\alpha}_i$et $\hat{\beta}_i$ sont les estimateurs des MCO de α_i et $\beta_i$appliqués à la régression de y_{it}sur une constante et x_{it} pour chaque i. dans ce cas. Le test LM est plus généralement applicable et ne nécessite pas d'ordre particulier des unités individuelles (transversales). mais, il est maintenable pour un N relativement petit et un T grand. Dans ce contexte, Breusch et Pagan (1980) indiquent que sous l'hypothèse nulle d'absence de dépendance transversale, définie par

$$Cov(u_{it}, u_{jt}) = 0, \qquad pour\ tout\ t, i \neq j$$

CD_{tm}suit la loi du Khi-deux avec N(N-1)/2 degrés de liberté. Ce test n'est pas applicable si N → ∞. Cependant, notez que, sous l'hypothèse nulle H0,$T\hat{\rho}_{ij}^{2} \sim \chi^{2}{}_{1}$

[2] Une méthode économétrique utilisée pour estimer plusieurs équations de régression simultanément, lorsque leurs erreurs sont potentiellement corrélées.

Avec $\hat{\rho}_{ij}^2$, i=1,2,...,N-1, j=i+1, 2,...,N, sont asymptotiquement indépendants, la version suivante de CD_{tm} peut être considérée pour tester l'hypothèse de dépendance transversale même pour de grands T et N.

$$CD_{tm} = \sqrt{\frac{1}{N(N-1)}\sum_{i=1}^{N-1}\sum_{j=i+1}^{N}(T\,\hat{\rho}_{ij}^2 - 1)} \qquad (2.6)$$

Dans le cas où N → ∞ et T → ∞, nous aurons $CD_{tm} \sim N(0,1)$ Cependant, ce test est susceptible de présenter des biais lorsque le nombre d'unités transversales (N) est élevé et la dimension temporelle (T) faible. Cela est principalement dû au fait que, pour une valeur T finie, $E(T\hat{\rho}_{ij}^2 - 1)$ le centrage de la statistique LM risque d'être accentué avec une valeur N élevée, ce qui entraîne des biais de taille qui tendent à s'aggraver avec N.

Application avec Stata

1. Estimation du modèle de régression pour les données de panel

xtreg x1 x2 , fe

2. Test de dépendance transversale
   xttest2

   Résultats

```
. xtreg x1 x2, fe

Fixed-effects (within) regression               Number of obs     =        987
Group variable: id                              Number of groups  =         47

R-squared:                                      Obs per group:
     Within  = 0.0000                                         min =         21
     Between = 0.0126                                         avg =       21.0
     Overall = 0.0035                                         max =         21

                                                F(1,939)          =       0.01
corr(u_i, Xb) = -0.0831                         Prob > F          =     0.9037

------------------------------------------------------------------------------
          x1 | Coefficient  Std. err.      t    P>|t|     [95% conf. interval]
-------------+----------------------------------------------------------------
          x2 |  -.0303708    .251036    -0.12   0.904    -.5230274    .4622859
       _cons |   58.61754   4.561113    12.85   0.000     49.66639     67.5687
-------------+----------------------------------------------------------------
     sigma_u |   36.29783
     sigma_e |  31.752685
         rho |  .56649411   (fraction of variance due to u_i)
------------------------------------------------------------------------------
F test that all u_i=0: F(46, 939) = 27.25                   Prob > F = 0.0000
```

```
. xttest2

Correlation matrix of residuals:
```

	__e1	__e2	__e3	__e4	__e5	__e6	__e7	__e8
__e1	18317.88							
__e2	-21120.87	50161.78						
__e3	3260.852	-4441.999	5646.134					
__e4	-2289.682	3772.383	-310.0436	629.3056				
__e5	6394.755	-5639.665	5499.75	-1113.328	18962.53			
__e6	-4704.666	6747.618	124.9495	973.8448	477.9976	3025.827		
__e7	-3655.087	3833.923	-1963.734	-30.12365	489.835	449.4594	3755.405	
__e8	8289.756	-14708.75	279.4857	-1201.392	2283.039	-4466	-1345.042	11085.43
__e9	-3381.937	6032.801	796.5496	518.8051	1568.378	1540.091	373.3046	-2720.928
__e10	-236.4617	5162.773	3879.258	533.8441	1574.144	775.5876	-1761.497	-1649.369
__e11	-7441.454	18348.99	1168.054	427.7264	3684.109	1060.807	4144.052	-4253.59
__e12	-728.16	7263.3	-1495.417	462.2442	-3271.706	-2137.052	-239.2158	4368.215
__e13	1585.161	-2359.422	682.7132	-328.6438	1323.777	-144.1537	158.4159	-550.2418
__e14	-8964.81	15980.32	-511.1108	1259.993	1622.137	2825.904	5130.871	-5421.627
__e15	-520.7123	-4473.827	1333.544	19.21823	2160.081	2467.639	-444.7816	-4181.275
__e16	-2595.555	15351.8	759.243	335.9796	8099.414	1547.121	-106.5566	-2682.116
__e17	-12440.8	23080.23	-1580.778	2105.052	-4620.447	4703.19	2682.087	-10536.09

```
        _e43      _e44      _e45      _e46      _e47
_e43   1.0000
_e44   0.5530    1.0000
_e45  -0.0558   -0.0445    1.0000
_e46  -0.9216   -0.5225    0.1420    1.0000
_e47  -0.3124    0.1208   -0.0210    0.4077    1.0000

Breusch-Pagan LM test of independence: chi2(1081) =  3856.017, Pr = 0.0000
Based on 21 complete observations over panel units
```

Les résultats du test CD_{tm}montrent une probabilité nulle, ce qui nous conduit à accepter l'hypothèse alternative de dépendance entre x1 et x2.

2.1.4. Test de Pesaran (2004) de dépendance transversale

Il existe un besoin évident de disposer d'un test de dépendance transversale performant sur de petits échantillons et ne s'appuyant pas sur une matrice de pondération spatiale spécifique, notamment lorsque le nombre d'unités transversales (N) est important et la dimension temporelle (T) est réduite. Conscient des limites du test LM de Breusch et Pagan (1980) lorsque N est grand, Pesaran (2004) introduit une statistique alternative simple. Cette statistique est basée sur les coefficients de corrélation par paires plutôt que sur leurs carrés (comme dans le test LM de Breusch-Pagan) et est définie comme suit :

$$CD = \sqrt{\frac{2T}{N(N-1)}}\left(\sum_{i=1}^{N-1}\sum_{j=i+1}^{N}\hat{\rho}_{ij}\right) \qquad (2.7)$$

Contrairement à la statistique du test LM, la statistique CD présente une moyenne exactement nulle pour des valeurs fixes de T et N, même sous une large gamme de modèles de données de panel. Cela inclut les modèles dynamiques hétérogènes susceptibles d'être sujets à de multiples ruptures structurelles.

$\hat{\rho}_{ij}$ est l'estimation par échantillon de la corrélation par paires des résidus, et sous l'hypothèse nulle d'absence de dépendance transversale $CD \rightarrow N(0,1)$ pour $N \rightarrow \infty$ et T suffisamment grand. Dans le cas d'un panel déséquilibré, Pesaran (2004) a proposé la statistique suivante :

$$CD = \sqrt{\frac{2T}{N(N-1)}}\left(\sum_{i=1}^{N-1}\sum_{j=i+1}^{N}\sqrt{T_{ij}\hat{\rho}_{ij}}\right) \qquad (2.8)$$

AvecT_{ij} représentant le nombre d'observations de séries chronologiques communes entre les unités i et j, la statistique modifiée tient compte du fait que les résidus pour les sous-ensembles de t ne sont pas garantis d'avoir une moyenne nulle.

Exemple de test CD de Pesaran (2004) avec Stata

Pour vérifier la dépendance transversale d'une seule variable :

1. Installer la commande xtcd
   ssc install xtcd
2. Tester la dépendance
   xtcd X2

```
. xtcd x2


Average correlation coefficients & Pesaran (2004) CD test

Variables series tested: x2
                              Group variable: id
                            Number of groups: 47
                  Average # of observations: 21.46
                                    Panel is: unbalanced
```

Variable	CD-test	p-value	corr	abs(corr)
x2	**24.80**	**0.000**	**0.165**	**0.288**

```
Notes: Under the null hypothesis of cross-section
       independence CD ~ N(0,1)
```

Nous notons que le test CD de Pesaran rejette l'hypothèse nulle d'indépendance individuelle (transversale) car la valeur p est < 5 %.

Pour vérifier la dépendance dans un modèle

1. Estimation du modèle de régression à effets fixes
   xtreg y x1 x2, fe (re)
2. Test de dépendance transversale de Pesaran

```
. predict residuals, resid

. xtcd residuals, resid

Average correlation coefficients & Pesaran (2004) CD test

Residual series tested: residuals
                          Group variable: id
                        Number of groups: 47
              Average # of observations: 21.46
                                Panel is: unbalanced
```

Variable	CD-test	p-value	corr	abs(corr)
residuals	10.66	0.000	0.071	0.346

```
Notes: Under the null hypothesis of cross-section
       independence CD ~ N(0,1)
```

Selon la valeur p, les résidus présentent une dépendance transversale.

Nous pouvons également appliquer la commande xtcsd

1. Estimer le modèle de régression

xtreg x1 x2

2. Appliquer la commande xtcsd

xtcsd, weight loss abs

<u>Résultat</u>

Test d'indépendance transversale de Pesaran = 10,662, Pr = 0,0000

Valeur absolue moyenne des éléments hors diagonale = 0,346

Les résultats du test de Pesaran montrent que le modèle estimé présente une dépendance transversale

2.1.5. Test de dépendance transversale de Friedman (1937)

Friedman (1937) a introduit un test non paramétrique basé sur le coefficient de corrélation des rangs de Spearman. Ce coefficient peut être interprété de la même manière que le coefficient de corrélation produit-moment standard pour expliquer la proportion de variabilité, à la différence près que la corrélation de Spearman est calculée à partir des rangs des données plutôt que de leurs valeurs brutes. Définissons $\{r_{i,1}, \dots, r_{i,T}\}$ comme les rangs de $\{u_{i,1}, \dots, u_{i,T}\}$. Selon Spearman, la corrélation de rang des coefficients est :

$$r_{ij} = r_{ji} = \frac{\sum_{t=1}^{T}(r_{i,t} - (T + 1/2))(r_{j,t} - (T + 1/2))}{\sum_{t=1}^{T}(r_{i,t} - (T + 1/2))^2} \qquad (2.9)$$

La statistique de Friedman (1937) est basée sur des moyennes

Les corrélations de Spearman sont données par :

$$R_{AVE} = \frac{2}{N(N-1)} \sum_{i=1}^{N-1} \sum_{j=i+1}^{N} \hat{r}_{ij} \qquad (2.10)$$

Où $\hat{r}_{ij}$est l'estimation du coefficient de corrélation de rang des résidus. Des valeurs élevées de R indiquent la présence de corrélations transversales non nulles. Friedman a montré que

$FR = [(T-1)((N-1)R_{AVE} + 1)]$ suit la distribution du Chi deux avec T-1 degrés de liberté, dans le cas où T est fixe et N→∞. Notez que dès le début, Friedman a conçu la statistique du test FR pour déterminer l'égalité de traitement dans une analyse de variance à deux facteurs.

Les tests CD et R_{AVE} partagent une limite commune : ils s'appuient sur la somme des coefficients de corrélation par paires de la matrice résiduelle, plutôt que sur la somme des carrés des corrélations, comme dans le test LM. Cette approche les rend susceptibles de négliger les cas de dépendance transversale où les corrélations alternent, c'est-à-dire où les fortes corrélations positives et négatives des résidus s'annulent en moyenne. Pour illustrer ce problème, considérons la structure d'erreur suivante de $u_{i,t}$ sous H_1 :

$$u_{i,t} = \phi_i f_t + \varepsilon_{it}$$

Où f_t représente les facteurs non observés qui génèrent la dépendance transversale, ϕ_i indique l'impact du facteur sur les unités i et ε_{it} est une erreur idiosyncratique pure avec $f_t \sim i.i.d(0, \sigma_f^2)$, $\phi_i \sim i.i.d(0, \sigma_\phi^2)$ et $\varepsilon_{it} \sim i.i.d(0, \sigma_\varepsilon^2)$, dans ce cas nous aurons

$$cor(u_{it}, u_{jt}) = \frac{cov(u_{it}, u_{jt})}{\sqrt{var(u_{it})}\sqrt{var(u_{jt})}} = 0 \qquad (2.11)$$

Et donc les statistiques CD et R_{AVE} convergent vers 0 même si $f_t \neq 0$ et $\phi_i \neq 0$ pour certains i. Cela implique que sous l'hypothèse alternative de dépendance transversale dans les perturbations avec de grandes corrélations positives et négatives mais avec $E(\phi_i) = 0$; ces tests manqueraient de puissance et pourraient donc ne pas être fiables.

Application avec Stata

1. Estimer le modèle de régression

xtreg x1 x2

2. Appliquer la commande xtcsd
xtcsd, Friedman
Résultat
xtcsd, Friedman

Test d'indépendance transversale de Friedman = 72,802, Pr = 0,0071

Le résultat du test de Friedman montre que le modèle présente une dépendance entre les entités.

2.1.6. Test de dépendance transversale de Frees (2004)

Frees (2004) a proposé une statistique basée sur le rang de la somme des carrés des coefficients de corrélation qui est égal à :

$$R^2{}_{AVE} = \frac{2}{N(N-1)} \sum_{i=1}^{N-1} \sum_{j=i+1}^{N} \widehat{r^2}_{ij} \qquad (2.12)$$

La fonction de cette statistique suit une distribution conjointe de deux variables indépendantes du Chi-deux. Frees montre que

$$FRE = N(R^2{}_{AVE} - (T-1)^{-1}) \xrightarrow{d} Q = \alpha(T)\left(x^2_{1,T-1} - (T-1)\right) + b(T)\left(x^2_{2,\frac{T(T-3)}{2}} - \frac{T(T-3)}{2}\right)$$

Où $x^2_{1,T-1}$ et $x^2_{2,\frac{T(T-3)}{2}}$ sont deux variables aléatoires du Chi-deux indépendantes avec respectivement T-1 et $\frac{T(T-3)}{2}$ degrés de liberté.

$\alpha(T) = 4(T+2)/(5(T-1)^2(T+1)$ et$b(T) = 2(5T+6)/5T(T-1)(T+1)$

Ainsi, l'hypothèse nulle est rejetée si $R^2{}_{AVE} > (T-1)^{-1} + \frac{Q_q}{N}$

Où $Q_q$est le quantile approprié de la distribution Q.

La distribution Q est une somme pondérée de deux variables aléatoires du khi-deux et dépend de la taille de T. Par conséquent, le calcul des quantiles appropriés peut s'avérer complexe. Pour les cas où T n'est pas petit, Frees recommande d'utiliser une approximation normale de la distribution Q en calculant la variance de Q. Plus précisément, le résultat suivant peut être appliqué :

$$\frac{FRE}{\sqrt{var(Q)}} \; suit\ approximativement\ \ N(0{,}1)$$

Application avec Stata

1. Estimer le modèle de régression

xtreg x1 x2

2. Appliquer la commande xtcsd
   xtcsd, frees

Frees' test of cross-sectional independence = 4.458

|---|

Critical values from Frees' Q distribution

alpha = 0.10 : 0.1231

alpha = 0.05 : 0.1611

alpha = 0.01 : 0.2338

Les résultats du test de dépendance de Frees confirment ceux des tests de Friedman et Pesaran qui rejettent l'hypothèse nulle et acceptent l'hypothèse alternative de dépendance transversale.

2.2. Tests de racine unitaire pour les données de panel

2.2.1. Introduction au test des racines unitaires

Stationnairese la dimension individuelle aux côtés de la dimension temporelle traditionnelle présente un intérêt significatif pour l'analyse des séries non stationnaires. Les tests de racine unitaire et de cointégration appliqués aux données de panel sont nettement plus performants que leurs homologues pour les séries temporelles individuelles, en particulier sur de petits échantillons. Par exemple, lorsqu'ils examinent des séries de taux de change, les chercheurs n'ont souvent accès qu'à 20 ou 30 ans de données. Dans ce cas, les tests de racine unitaire peinent généralement à distinguer les séries non stationnaires des séries stationnaires mais très persistantes. En exploitant les données de panel, les chercheurs peuvent travailler avec de petits échantillons de séries temporelles tout en augmentant la quantité de données disponibles via la dimension individuelle. Cette approche réduit la probabilité de rencontrer des ruptures structurelles et atténue le problème de la faible puissance des tests sur de petits échantillons. Comme le soulignent Baltagi et Kao (2000), l'économétrie des données de panel non stationnaires cherche à combiner le « meilleur des deux mondes » : la capacité à traiter la non-stationnarité à l'aide de méthodes de séries temporelles et la puissance accrue des tests grâce à l'inclusion de la dimension individuelle.

Bien qu'il existe plusieurs distinctions entre les données de panel et les séries chronologiques, la différence la plus significative réside dans l'hétérogénéité du modèle, qui n'est pas un problème en analyse de séries chronologiques pures. Dans le cas univarié, un modèle est spécifié pour tester la présence d'une racine unitaire dans la dynamique d'une variable pour un seul individu. Cependant, lors du passage aux données de panel, une question cruciale se pose : le même modèle peut-il être appliqué pour tester la présence d'une racine unitaire dans la dynamique d'une variable observée chez plusieurs individus ? Cette question souligne les défis et les opportunités uniques présentés par l'analyse des données de panel.

Les tests de racine unitaire sont basés sur les trois modèles suivants :

$$modèle\ 1 \quad \Delta y_{it} = \rho y_{it-1} + \varepsilon_{it}$$
$$modèle\ 2 \quad \Delta y_{it} = \alpha_i + \rho y_{it-1} + \varepsilon_{it}$$
$$modèle\ 3 \quad \Delta y_{it} = \alpha_i + \beta_i.t + \rho y_{it-1} + \varepsilon_{it}$$

Avec ρ est la racine autorégressive.
Si la réponse à la question précédente est affirmative, cela implique l'existence de propriétés dynamiques strictement identiques pour la variable, quel que soit le pays considéré : on parle alors de panel homogène. À ce niveau, on retrouve les tests de racine unitaire suivants :

- Tests de Levin, Lin et Chu (2002)
- Tests de Harris et Tzavalis (1999)

Le test de racine unitaire ainsi construit en panel peut alors conduire à des résultats erronés. Par conséquent, de manière générale, la première question centrale des tests de racine unitaire en panel est celle de la forme de l'hétérogénéité du modèle utilisé pour tester la racine unitaire. Cette question rejoint celle de la spécification même du test de racine unitaire. Cette notion d'hétérogénéité du modèle est une notion centrale de l'économétrie de panel et, dans ce contexte, nous présenterons les tests de racine unitaire suivants :

- Tests Im, Pesaran et Shin (1997, 2003)
- Tests de Maddala et Wu (1999)
- Les tests de Hadri (2000)

Les tests de racine unitaire basés sur des modèles homogènes et hétérogènes sont appelés tests de première génération.

Cette évolution initiale vers des spécifications hétérogènes est suivie d'une seconde évolution, axée sur la prise en compte des corrélations entre individus. Au-delà de la question de l'hétérogénéité des paramètres du modèle, un autre défi crucial, propre aux données de panel, est devenu un thème central de la littérature sur les tests de racine unitaire : la prise en compte des éventuelles dépendances inter-individuelles. La question clé est de savoir si l'on tient compte d'éventuelles corrélations entre les résidus des différents individus au sein du panel. Cette nouvelle évolution marque l'émergence d'une deuxième génération de tests de racine unitaire de panel, qui incluent des méthodes telles que :

- Bai et Ng (2000)
- Test de Pesaran (2003)
- Test de Chang (2002)

Les tests de racines unitaires de panel avec ruptures structurelles sont des outils avancés pour l'analyse de données de panel dont les séries peuvent être affectées par des changements soudains (tels que des crises économiques ou des réformes politiques). Ces tests, comme ceux de Hadri et Rao (2008), Karavias et Tzavalis (2014) et Lee et Tieslau (2019), combinent la détection des racines unitaires avec l'identification des ruptures structurelles, offrant ainsi une analyse plus précise en présence de chocs ou de changements structurels.

2.2.2. Test de racine unitaire de première génération

2.2.2.1. Tests de racine unitaire basés sur des modèles homogènes

2.2.2.1.1. Le test de racine unitaire de Levin, Lin et Chu (2002)

Andrew Levin et Chien-Fu Lin, à travers une série de contributions (Levin et Lin 1992, Levin et Lin 1993, et Levin, Lin et Chu 2002), ont introduit le premier test de racine unitaire sur panel. Leur approche s'inspire directement des tests de racine unitaire sur séries chronologiques développés par Dickey et Fuller (1979). Plus précisément, les auteurs proposent trois modèles pour tester la racine unitaire, selon la forme de la composante déterministe :

$$modèle\ 1 \quad \Delta y_{it} = \rho y_{it-1} + \varepsilon_{it} \tag{2.13}$$

$$modèle\ 2 \quad \Delta y_{it} = \alpha_i + \rho y_{it-1} + \varepsilon_{it} \tag{2.14}$$

$$modèle\ 3 \quad \Delta y_{it} = \alpha_i + \beta_i . t + \rho y_{it-1} + \varepsilon_{it} \tag{2.15}$$

Où i=1,…,N et t =1,…,T, où les termes d'erreur ε_{it} sont distribués indépendamment entre les individus i et suivent un processus ARMA stationnaire et inversible admettant une représentation AR(1) du type :

$$\varepsilon_{it} = \sum_{k=1}^{\infty} \theta_{ik} \varepsilon_{it-k} + u_{it}$$

Sur la base de ces trois modèles, Levin et Lin proposent de tester les hypothèses suivantes :

$$Modèle\ 1: \begin{cases} H_0: \rho = 0 & \forall\, i = 1,2,\dots N \\ H_1: \rho < 0 & \forall\, i = 1,2,\dots N \end{cases}$$

$$Modèle\ 2: \begin{cases} H_0: \rho = 0 \ et\ \alpha_i = 0, & \forall\, i = 1,2,\dots N \\ H_1: \rho < 0 \ \ et\ \alpha_i \in \mathbb{R}, & \forall\, i = 1,2,\dots N \end{cases}$$

$$Modèle\ 3: \begin{cases} H_0: \rho = 0 \ et\ \beta_i = 0, & \forall\, i = 1,2,\dots N \\ H_1: \rho < 0 \ \ et\ \beta_i \in \mathbb{R}, & \forall\, i = 1,2,\dots N \end{cases}$$

Les données de chaque individu sont réduites par une estimation réalisable de l'écart-type de variance de ε_{it}. Cela produit deux séries $\tilde{e}_{it}$(de Δy_{it}) et $\tilde{v}_{it}$(de y_{it-1}). La statistique de test de base est la statistique t sur la régression linéaire de $\tilde{e}_{it}$sur $\tilde{v}_{it}$. Pour un seul individu, elle est identique à la statistique t de Dickey-Fuller pour l'ensemble des données, avec des décalages croissants et une composante déterministe. Cependant, nous ne pouvons pas utiliser la distribution DF tabulée car le numérateur et le dénominateur sont agrégés pour tous les individus. Pour ceci, les auteurs fournissent des constantes de centrage et de normalisation telles que, lorsque N → ∞, un t ajusté converge vers une normale standard. En plus des constantes de centrage et de normalisation (qui dépendent de la moyenne (T) et du choix des déterminismes), il faut également corriger les différentes variances à long terme $\tilde{v}_{it}$ des processus sur i. Pour une série temporelle unique, la variance à long terme disparaît de la distribution t asymptotique (sous l'hypothèse nulle d'une racine unitaire), mais pas lorsque le numérateur et le dénominateur sont d'abord agrégés sur des individus ayant une dynamique à court terme.

Levin, Lin et Chu (2002) proposent un test où l'hypothèse alternative suppose que les coefficients ρ_i sont identiques et négatifs. Étant donné que ρ_i est fixe pour tous les individus, le test est parmi les plus complexes, car il nécessite de combiner les données de différents individus en une seule régression finale. En isolant uniquement ρ_i les résidus des régressions de Δy_{it} et, y_{it-1} ainsi que toutes les variables « nuisibles » (retards et composantes déterministes), on obtient ces résultats par des régressions individuelles. Cette approche applique le théorème de Frisch-Waugh aux régressions linéaires par empilement entre individus.

Application avec Stata

```
. xtunitroot llc y

Levin-Lin-Chu unit-root test for y
----------------------------------
H0: Panels contain unit roots             Number of panels  =     9
Ha: Panels are stationary                 Number of periods =    25

AR parameter: Common                      Asymptotics: N/T -> 0
Panel means:  Included
Time trend:   Not included

ADF regressions: 1 lag
LR variance:     Bartlett kernel, 9.00 lags average (chosen by LLC)
------------------------------------------------------------------------
                    Statistic      p-value
------------------------------------------------------------------------
 Unadjusted t       -14.9231
 Adjusted t*        -11.4357        0.0000
------------------------------------------------------------------------
```

Le test de Levin accepte l'hypothèse alternative de stationnarité de la variable y car la probabilité est inférieure à 5 %.

2.2.2.1.2. Test de racine unitaire de Harris Tzavalis (1999)

Un test similaire, mais plus simple, est introduit par Harris et Tzavalis (1999). Ce test pose également l'hypothèse nulle comme racine unitaire, l'hypothèse alternative supposant une valeur stationnaire unique. Il est spécifiquement conçu pour les ensembles de données dont la dimension temporelle T est relativement courte. Pour garantir des corrections relativement précises pour les petits T, les auteurs restreignent le modèle en excluant les décalages supplémentaires.

$$modèle\ 1 \quad y_{it} = \rho y_{it-1} + \varepsilon_{it}$$
$$modèle\ 2 \quad y_{it} = \alpha_i + \rho y_{it-1} + \varepsilon_{it}$$
$$modèle\ 3 \quad y_{it} = \alpha_i + \beta_i . t + \rho y_{it-1} + \varepsilon_{it}$$

Si le panel initial est équilibré, il le restera tout au long de l'analyse. De plus, ils supposent une variance exogène, une hypothèse non retenue dans le test de Levin-Lin. Dans sa mise en œuvre, le test utilise y_{it} plutôt que Δy_{it} comme variable dépendante, ce qui signifie que le critère teste $\rho = 1$ au lieu de $\rho = 0$. Le test est conçu pour un grand nombre de N. et T fixe , avec la statistique de test centrée et mise à l'échelle convergeant vers une distribution normale standard N(0,1).

Les étapes du test de Harris-Tzavalis sont :

1. Formuler les hypothèses :
   - H0 : La série a une racine unitaire (non stationnaire).
   - H1 : La série est stationnaire.
2. Calculez la statistique de test en fonction des séries chronologiques et des différences premières
3. Comparez les statistiques de test avec la distribution critique pour déterminer si l'hypothèse nulle peut être rejetée.

Application avec Stata

```
. xtunitroot ht y

Harris-Tzavalis unit-root test for y
------------------------------------
H0: Panels contain unit roots            Number of panels  =      9
Ha: Panels are stationary                Number of periods =     25

AR parameter: Common                     Asymptotics: N -> Infinity
Panel means:  Included                                T Fixed
Time trend:   Not included
------------------------------------------------------------------------------
                       Statistic          z           p-value
------------------------------------------------------------------------------
 rho                   -0.0164       -22.5043         0.0000
------------------------------------------------------------------------------
```

Le test de Harris Tzavalis confirme les résultats du test de Levin, Lin et Chu (2002), montrant la stationnarité de cette variable y.

2.2.2.2. Tests de racine unitaire basés sur des modèles hétérogènes

1.1.1.1.1 Test par Im, Pesaran et Shin (2003)

Im, Pesaran et Shin (IPS) ont été les pionniers du développement d'un test qui, sous l'hypothèse alternative, permet l'hétérogénéité non seulement dans la racine autorégressive ($\rho_i \neq \rho_j$), mais également dans la présence d'une racine unitaire entre les individus du panel.
Ces auteurs (IPS) considèrent un modèle à effets individuels et sans tendance déterministe (modèle 2.14 de Levin, Lin et Chu) :

$$modèle\ IPS \quad \Delta y_{it} = \alpha_i + \rho y_{it-1} + \varepsilon_{it}$$

Où l'effet individuel $\alpha_i$est défini par $\alpha_i = \rho_i \gamma_i$, avec $\gamma_i \in \mathbb{R}$, et $\varepsilon_{it} \sim N.I.D(0, \sigma_{\varepsilon,i}^2)$. Ce test est similaire à celui de Levin et Lin, un test conjoint de l'hypothèse nulle de racine unitaire ($\rho_i = 0$)et de l'absence d'effets individuels.

$$\begin{cases} H_0: \rho_i = 0 \ et\ \alpha_i = 0\ , \forall\ i = 1, \dots, N \\ H_1: \rho_i < 0\ \ , \forall\ i = 1, \dots, N_1 \\ \qquad \rho_i = 0\ \ , \forall i = \ N_1 + 1, N_1 + 2, \dots, N \end{cases}$$

Les hypothèses nulle et alternative du test IPS sont les mêmes que dans l'étude de Levin et Lin. Pour réaliser ce test, IPS propose à nouveau d'utiliser la moyenne des statistiques ADF individuelles :

$$t - bar_{NT} = \frac{1}{N}\sum_{i=1}^{N} t_{iT}(p_i, \beta_i) \qquad (2.16)$$

Où $t_{iT}(p_i, \beta_i)$ correspond à la statistique individuelle de Student associée à l'hypothèse nulle $H_0: \rho_i = 0$.

A partir des N statistiques ADF individuelles $t_{iT}(p_i, \beta_i)$, l'IPS a construit la statistique standardisée $Z_{tbar}(p, \beta)$ centrée sur l'espérance de la distribution asymptotique η de la statistique ADF individuelle et réduite par la variance de cette distribution.

$$Z_{tbar}(p, \beta) = \frac{\sqrt{N}[t - bar_{NT} - E(\eta)]}{\sqrt{var(\eta)}} \qquad (2.17)$$

Où les moments $E(\eta)$ *et* $var(\eta)$correspondent à l'espérance et à la variance de la distribution asymptotique $T \rightarrow \infty$d'une statistique ADF sous l'hypothèse nulle de racine unitaire $(\rho_i = 0)$dans un modèle à constante.

Il est évident que cette approche basée sur la distribution asymptotique peut être problématique dans les petits panels T. C'est pourquoi IPS propose une seconde statistique standardisée notée $W_{tbar}(p, \beta)$qui a la même distribution que $Z_{tbar}(p, \beta)$, mais qui a l'avantage d'être plus puissante. Pour cette statistique les moments sont respectivement notés $E(t_{iT}(p_i, 0)\backslash\rho_i = 0)$et $var(t_{iT}(p_i, 0)\backslash\rho_i = 0)$. Cette statistique IPS standardisée converge vers la même distribution de $Z_{tbar}(p, \beta)$.

$$W_{tbar}(p, \beta) = \frac{\sqrt{N}\left[t - bar_{NT} - N^{-1}\sum_{i=1}^{N} E(t_{iT}(p_i, 0)\backslash\rho_i = 0)\right]}{\sqrt{N^{-1}\sum_{i=1}^{N} var(t_{iT}(p_i, 0)\backslash\rho_i = 0)}} \xrightarrow[T,N\rightarrow\infty]{} N(0,1) \quad (2.18)$$

Les étapes du test d'Im, Pesaran et Shin (2003) sont :

1. Effectuez un test de racine unitaire pour chaque série individuelle du panel (par exemple, le test ADF).
2. Collectez des statistiques à partir de tests individuels (par exemple, statistiques ADF).
3. Calculez la moyenne des statistiques de tests individuels.
4. Comparez cette moyenne à une distribution normale standardisée pour obtenir la valeur p du test.

Application avec Stata

```
. xtunitroot ips y

Im-Pesaran-Shin unit-root test for y
─────────────────────────────────────
H0: All panels contain unit roots           Number of panels  =      9
Ha: Some panels are stationary              Number of periods =     25

AR parameter: Panel-specific                Asymptotics: T,N -> Infinity
Panel means:  Included                                     sequentially
Time trend:   Not included

ADF regressions: No lags included
```

	Statistic	p-value	Fixed-N exact critical values 1%	5%	10%
t-bar	-4.2468		-2.190	-1.990	-1.880
t-tilde-bar	-3.1230				
Z-t-tilde-bar	-6.5353	0.0000			

Les valeurs des trois statistiques IPS sont supérieures aux valeurs critiques de 10 %, 5 % et 1 %, ce qui indique le rejet de l'hypothèse nulle et l'acceptation de l'hypothèse alternative, et démontre la stationnarité de la variable y. Ceci est confirmé par la valeur p, qui est nulle.

1.1.1.1.2 Test de racine unitaire de Maddala et Wu (1999)

Le test de Maddala et Wu (1999) est un test non paramétrique de Fisher (1932). Son principe est simple et repose sur une combinaison des niveaux de signification de N tests individuels indépendants de racine unitaire. Soit $p_i = F_{Ti}(G_i)$ la valeur de p associée à une statistique de test $G_i$de l'hypothèse nulle de racine unitaire pour un individu i donné, soit $F_{Ti}(G_i)$la fonction de distribution associée à la statistique individuelle G_i pour un échantillon de taille T_i. La statistique de test G_i peut être choisie comme statistique ADF ou celle de Phillips et Perron (1988).

La statistique du test de racine unitaire de Maddala et Wu (1999) est définie par :

$$P_{MW} = -2\sum_{i=1}^{N} \ln(p_i) \qquad (2.19)$$

Maddala et Wu (1999) considèrent le cas où les statistiques individuelles sont indépendantes. Sous l'hypothèse nulle de racine unitaire, la statistique P_{MW} suit la distribution de $\chi^2(2N)$, quelle que soit la taille de l'échantillon N. Si P_{MW} est supérieur au seuil de $\chi^2(2N)$, nous rejetons l'hypothèse nulle de racine unitaire pour les individus du panel.

Les étapes du test de Maddala et Wu (1999) sont :

1. Effectuez un test de racine unitaire pour chaque série individuelle du panel (par exemple, tests ADF, PP ou KPSS).
2. Recueillez les valeurs p de chaque test individuel.
3. Combinez les valeurs p à l'aide de la statistique de Fisher :

$$\lambda = -2\sum_{i=1}^{N} \ln(p_i) \qquad (2.20)$$

où $p_i$est la valeur p du test de racine unitaire pour la ième série.

4. Comparez la statistique de Fisher à une distribution $\chi 2$ avec 2N degrés de liberté pour obtenir la valeur p combinée du test.

Application avec Stata

```
. xtunitroot fisher y, dfuller lags(0)

Fisher-type unit-root test for y
Based on augmented Dickey-Fuller tests
--------------------------------------
H0: All panels contain unit roots            Number of panels  =      9
Ha: At least one panel is stationary         Number of periods =     25

AR parameter: Panel-specific                 Asymptotics: T -> Infinity
Panel means:  Included
Time trend:   Not included
Drift term:   Not included                   ADF regressions: 0 lags
------------------------------------------------------------------------------
                                  Statistic      p-value
------------------------------------------------------------------------------
 Inverse chi-squared(18)   P       146.5556       0.0000
 Inverse normal            Z        -9.6393       0.0000
 Inverse logit t(49)       L*      -13.5294       0.0000
 Modified inv. chi-squared Pm       21.4259       0.0000
------------------------------------------------------------------------------
 P statistic requires number of panels to be finite.
 Other statistics are suitable for finite or infinite number of panels.
------------------------------------------------------------------------------
```

Application avec R

install.packages("plm")

library(plm)

######### load data #################"

data<- read_dta("C:/Users/DELL/Desktop/data.dta")

########### configure panel data

pdata <- pdata.frame(data, index = c("id", "year"))

######## run maddala and Wu test

purtest(pdata$x2, pmax = 4, exo = "intercept", test = "madwu")

résultats

```
Maddala-Wu Unit-Root Test (e.g. var.: Individual
Intercepts)

data: pdata$x2
chisq = 567.03, df = 94, p-value < 2.2e-16
alternative hypothesis: stationarity
```

D'après les résultats du test de Maddala et Wu (1999) réalisé avec Stata et R, nous constatons que l'hypothèse nulle ne peut être acceptée. La variable y est donc stationnaire.

1.1.1.1.3 Test de racine unitaire de Hadri (2000)

Contrairement aux tests précédents, Hadri (2000) introduit un test où l'hypothèse nulle suppose la stationnarité. Ce test généralise le test de fluctuation KPSS (Kwiatkowski, Phillips, Schmidt et Shin, 1992) pour une série temporelle unique au contexte des données de panel. Si les résidus de la composante déterministe de la série forment un processus stationnaire, les sommes partielles de ces résidus se comportent comme un pont brownien (mouvement brownien). En revanche, si les résidus sont non stationnaires, les sommes partielles présenteront des valeurs plus extrêmes que celles compatibles avec un pont brownien.

Hadri (2000) examine les deux modèles suivants :

$$y_{it} = r_{it} + \varepsilon_{it}$$
$$y_{it} = r_{it} + \beta_i t + \varepsilon_{it}$$

Où r_{it}est une marche aléatoire $r_{it} = r_{it-1} + \mu_{it}$avec $\mu_{it}\ est\ iid(0, \sigma_\mu^2)$, donc $\varepsilon_{it}\ et\ \mu_{it}$ sont indépendants. L'hypothèse nulle est donc $\sigma_\mu^2 = 0$. Dans le cas où ε_{it} sont supposés iid, alors l'hypothèse nulle est donc y_{it} stationnaire en niveau et également autour de la tendance déterministe. Les deux modèles précédents

$$y_{it} = r_{i0} + e_{it}$$
$$y_{it} = r_{i0} + \beta_i t + e_{it}$$

Avec $e_{it} = \sum_{i=1}^{t} \mu_{i,j} + \varepsilon_{it}$, r_{i0} sont les valeurs initiales qui jouent le rôle de constantes hétérogènes.

Les hypothèses du test de Hadri (2000) sont $H_0: \lambda = 0,\ et\ H_1: \lambda > 0$, $où\ \lambda = \frac{\sigma_\mu^2}{\sigma_\varepsilon^2}$

Les statistiques LM sont données par :

$$LM = \frac{1}{\hat{\sigma}_\varepsilon^2} \frac{1}{NT^2}\left(\sum_{i=1}^{N}\sum_{t=1}^{T} S_{it}^2\right) \qquad (2.21)$$

Avec S_{it}désigne la somme partielle des résidus, $S_{it} = \sum_{j=1}^{t} \hat{e}_{it}$ et $\hat{e}_{it}$est un estimateur convergent de σ_{ε}^{2}.

Application avec Stata

```
. xtunitroot hadri y

Hadri LM test for y
___________________

H0: All panels are stationary             Number of panels  =      9
Ha: Some panels contain unit roots        Number of periods =     25

Time trend:         Not included          Asymptotics: T, N -> Infinity
Heteroskedasticity: Not robust                              sequentially
LR variance:        (not used)
------------------------------------------------------------------------
                    Statistic      p-value
------------------------------------------------------------------------
 z                   -0.1455        0.5578
------------------------------------------------------------------------
```

Application avec R
install. Packages("plm")

library(plm)

######### load data #################"

data<- read_dta("C:/Users/DELL/Desktop/data.dta")

########### configure panel data

pdata <- pdata.frame(data, index = c("id", "year"))

######## run maddala and Wu test

purtest(pdata$x2, pmax = 4, exo = "intercept", test = "hadri")

Résultat
Hadri Test (ex. var: Individual Intercepts) (Heterosked. Consistent)
data: pdata$x2
z = -0.287, p-value < 0.685

Null hypothesis: stationarity

Les résultats du test Hadri (2000) avec Stata et R ont montré que nous ne pouvons pas rejeter l'hypothèse nulle de stationnarité.

1.1.2 Test de racine unitaire de deuxième génération

1.1.2.1 Test de racine unitaire de Bai et Ng (2002)

Bai et Ng (2001, 2004) ont proposé le premier test de l'hypothèse nulle de racine unitaire en tenant compte de la présence éventuelle d'une corrélation inter-individuelle des séries testées. Le problème consiste alors à spécifier une forme particulière de ces dépendances. Bai et Ng (2004) adoptent une approche très simple et considèrent un modèle factoriel :

$$y_{i,t} = D_{i,t} + \lambda'_i F_t + e_{i,t} \qquad (2.22)$$

Où $D_{i,t}$ est une fonction polynomiale du temps d'ordre t, F_t un vecteur de dimension (r,1) de facteurs communs et λ_i un vecteur de paramètres. Ainsi, la variable individuelle $y_{i,t}$ est décomposée en une composante déterministe hétérogène $D_{i,t}$, une composante commune $\lambda'_i F_t$ et un terme d'erreur $e_{i,t}$.

Dans ce cas, la variable $y_{i,t}$ est dite non stationnaire si au moins un des facteurs communs du vecteur $F_t$est non stationnaire et que le terme d'erreur idiosyncrasique $e_{i,t}$ est non stationnaire. L'idée de Bai et Ng (2004) est de tester séparément la présence d'une racine unitaire dans les composantes commune et individuelle. Ceci est principalement dû au fait que la composante idiosyncrasique $e_{i,t}$ peut être considérée comme faiblement corrélée entre individus, alors qu'en même temps la variable $y_{i,t}$ peut présenter de fortes corrélations entre individus.

Dans le cas où la composante déterministe $D_{i,t}$ est au plus d'ordre 1. Le modèle s'écrit sous la forme suivante :

$$y_{i,t} = \alpha_i + \beta_i t + \lambda'_i F_t + e_{i,t} \ , t = 1, \dots, T \qquad (2.23)$$

$$F_{m,t} = \tau_m F_{m,t-1} + v_{m,t}, \ \ m = 1, \dots, \tau$$

$$e_{i,t} = \rho_i e_{i,t-1} + \varepsilon_{i,t}, \quad i = 1, \dots, N$$

Le m^{th}facteur commun $F_{m,t}$est stationnaire si $\tau_m < 1$. La composante idiosyncratique $e_{i,t}$est stationnaire pour $i^{ème}$les individus si $\rho_i < 1$.

Bai et Ng (2004) ont d'abord testé la stationnarité de la composante idiosyncratique et ont ensuite proposé d'empiler les statistiques t des tests ADF calculés sur la base des composantes idiosyncratiques estimées $\hat{e}_{i,t}$ du modèle ne contenant pas de terme déterministe.

Laissez $ADF_{\hat{e}}^{c}(i)$ les statistiques du test ADF de la composante idiosyncratique des i^{th}individus suivre une distribution asymptotique comme celle du DF du modèle sans constante.

Bai et Ng (2004) ont proposé d'utiliser une statistique IPS moyenne :

$$Z^c = \frac{1}{\sqrt{4N}}\left[-2\sum_{i=1}^{N} logp^c(i) - 2N\right] \qquad (2.24)$$

Où $p^c(i)$désigne la valeur p associée à la statistique de $ADF_{\hat{e}}^{c}(i)$.

Application avec Stata

- Préparer les données
- Exécuter une analyse en composantes principales (ACP) pour extraire les facteurs
  pca X1 X2
  predict pc1 pc2
- Effectuer un test de racine unitaire sur des facteurs

  xtunitroot llc pc1 // ou xtunitroot ips pc1

  xtunitroot llc pc2 // ou xtunitroot ips pc2

Résultats

```
. pca x2 x1

Principal components/correlation              Number of obs    =       987
                                              Number of comp.  =         2
                                              Trace            =         2
    Rotation: (unrotated = principal)         Rho              =    1.0000
```

Component	Eigenvalue	Difference	Proportion	Cumulative
Comp1	1.05927	.11853	0.5296	0.5296
Comp2	.940735	.	0.4704	1.0000

Principal components (eigenvectors)

Variable	Comp1	Comp2	Unexplained
x2	0.7071	0.7071	0
x1	0.7071	-0.7071	0

```
. predict pc1 pc2
(score assumed)

Scoring coefficients
    sum of squares(column-loading) = 1
```

Variable	Comp1	Comp2
x2	0.7071	
x1	0.7071	-0.7071

```
. xtunitroot llc pc1

Levin-Lin-Chu unit-root test for pc1
------------------------------------
H0: Panels contain unit roots              Number of panels  =     47
Ha: Panels are stationary                  Number of periods =     21

AR parameter: Common                       Asymptotics: N/T -> 0
Panel means:  Included
Time trend:   Not included

ADF regressions: 1 lag
LR variance:     Bartlett kernel, 8.00 lags average (chosen by LLC)
------------------------------------------------------------------------
                    Statistic      p-value
------------------------------------------------------------------------
 Unadjusted t        -16.2326
 Adjusted t*          -7.1388       0.0000
------------------------------------------------------------------------


. xtunitroot llc pc2

Levin-Lin-Chu unit-root test for pc2
------------------------------------
H0: Panels contain unit roots              Number of panels  =     47
Ha: Panels are stationary                  Number of periods =     21

AR parameter: Common                       Asymptotics: N/T -> 0
Panel means:  Included
Time trend:   Not included

ADF regressions: 1 lag
LR variance:     Bartlett kernel, 8.00 lags average (chosen by LLC)
------------------------------------------------------------------------
                    Statistic      p-value
------------------------------------------------------------------------
 Unadjusted t        -15.1102
 Adjusted t*          -6.9851       0.0000
------------------------------------------------------------------------
```

Les résultats du test de Bai et Ng (2004) montrent que les deux variables x1 et x2 sont stationnaires.

2.2.2.3. Test de Peasran (2003)

Pesaran (2003) propose un test unique (contrairement à Bai et Ng, (2001)) pour prendre en compte d'éventuelles dépendances entre individus. Cependant, contrairement aux deux approches précédentes (Moon et Perron, (2003) ou Choi, (2002)), Pesaran ne teste pas la racine unitaire sur des variables transformées prises comme un écart aux composantes déterministes. Au contraire, il choisit de conserver la série brute par modèle ADF en introduisant les moyennes individuelles de $y_{i,t-1}$ et les différences premières $\Delta y_{i,t}$, il obtient alors un modèle augmenté de type CADF (Cross Sectionally Augmented Dickey-Fuller).

Étant donné la popularité de l'IPS (1997), Pesaran considère le même modèle et la même structure du test, mais en différence première et il introduit un facteur commun θ_t avec une sensibilité hétérogène.

$$\Delta y_{it} = \alpha_i + \rho_i y_{it-1} + \mu_{it}$$

$$\mu_{it} = \gamma_i \theta_t + \varepsilon_{i,t}$$

Où l'effet individuel $\alpha_i$est défini par$\alpha_i = -\rho_i \gamma_i$

Les hypothèses de Pesaran sont identiques à celles de l'IPS. En l'absence d'autocorrélations de $\varepsilon_{i,t}$, Pesaran a montré que l'introduction dans le modèle de la moyenne $\bar{y}_t = \frac{1}{N}\sum_{i=1}^{N} y_{i,t}$er de sa valeur retardée $\bar{y}_{t-1}$suffit à filtrer asymptotiquement les effets de la composante commune $\theta_t$lorsque n tend vers l'infini. Ainsi, Pesaran considère un modèle DF augmenté de la dimension interindividuelle, ou modèle CADF :

$$modèle\ CADF: \Delta y_{it} = \alpha_i + \rho_i y_{it-1} + c_i \bar{y}_{t-1} + d_i \Delta\bar{y}_t + v_{it} \quad (2.25)$$

La statistique t associée à l'hypothèse nulle de racine unitaire est pour l'individu i est $t_i(N,T)$.

À partir de la statistique CADF individuelle $t_i(N,T)$, Pesaran propose une statistique moyenne de type IPS appelée CIPS, pour IPS augmenté transversalement.

$$CIPS(N,T) = \frac{1}{N}\sum_{i=1}^{N} t_i(N,T) = \frac{1}{N}\sum_{i=1}^{N} CADF_{i,f} + O_p(1) \quad (2.26)$$

Où $CADF_{i,f}$désigne la distribution asymptotique lorsque N tend vers l'infini des statistiques $t_i(N,T)$, l'indice f indique que ces distributions sont asymptotiquement dépendantes.

Pesaran propose en outre une statistique de type IPS tronquée, notée $CIPS^*(N,T)$ construite comme la moyenne des statistiques individuelles tronquées, telles que :

$$CIPS^*(N,T) = \frac{1}{N}\sum_{i=1}^{N} t_i^*(N,T) \qquad (2.27)$$

la statistique individuelle tronquée est définie par :$t_i^*(N,T)$

$$t_i^*(N,T) = \begin{cases} -K_1 & si\ t_i(N,T) \leq -K_1 \\ t_i(N,T) & si\ -K_1 < t_i(N,T) < K_2 \\ K_2 & si\ t_i(N,T) \geq K_2 \end{cases}$$

Les paramètres de troncature K_1 *et* K_2dépendent du modèle choisi. Il s'agit de constantes positives suffisamment grandes pour que $Pr[-K_1 < t_i(N,T) < K_2]$ soit suffisamment grand (supérieur à 0,9999). Pour un modèle sans constante ni tendance, $K_1 = 6.12$et $K_2 = 4.6$pour un modèle avec constante $K_1 = 6.19$et $K_2 = 2.61$, et enfin pour un modèle avec tendance $K_1 = 6.42$et $K_2 = 1.70$[24].

Enfin, en présence d'autocorrélation des résidus, la même approche doit être appliquée dans un modèle augmenté dans la dimension interindividuelle, et augmenté des termes usuels des spécifications standards ADF.

Le modèle CADF devient :

$$Modèle\ CADF: \Delta y_{it} = \alpha_i + \rho_i y_{i,t-1} + c_i \bar{y}_{t-1} + \sum_{j=0}^{p} d_{i,j}\bar{y}_{t-j} + \sum_{j=0}^{p} \delta_{ij}\,\Delta y_{i,t-j}{}_{i} + e_{it} \quad (2.28)$$

La distribution des statistiques $CIPS^*(N,T)$ et $CIPS(N,T)$ sont alors identiques à celles du cas précédent.

Application avec Stata

```
. pescadf x2, lags(1)

Pesaran's CADF test for x2
Cross-sectional average in first period extracted and extreme t-values truncated
Deterministics chosen: constant

t-bar test, N,T = (47,21)          Obs = 893
Augmented by 1 lags (average)

   t-bar      cv10       cv5       cv1   Z[t-bar]    P-value
  -2.396    -2.040    -2.110    -2.230    -4.496      0.000
```

```
. xtcips x2, maxlags(2) bglag(2)

Pesaran Panel Unit Root Test with cross-sectional and first difference mean included for x2
Deterministics chosen: constant

Dynamics: lags criterion decision General to Particular based on F joint test

Individual ti were truncated during the aggregation process

H0 (homogeneous non-stationary): bi = 0 for all i

CIPS* =    -3.124        N,T = (47,21)
```

	10%	5%	1%
Critical values at	-2.04	-2.11	-2.23

```
. xtcips x2, maxlags(2) bglag(2) trend

Pesaran Panel Unit Root Test with cross-sectional and first difference mean included for x2
Deterministics chosen: constant & trend

Dynamics: lags criterion decision General to Particular based on F joint test

Individual ti were truncated during the aggregation process

H0 (homogeneous non-stationary): bi = 0 for all i

CIPS* =    -3.746         N,T = (47,21)
```

	10%	5%	1%
Critical values at	-2.54	-2.61	-2.73

Les tests de Pesaran (CADF et CIPS) montrent un rejet de l'hypothèse avec une p-value égale à 0, indiquant la stationnarité de la série x2.

2.2.2.4. Test de racine unitaire de Chang (2002)

Il existe une approche alternative dans les tests de deuxième génération qui ne repose pas sur un modèle factoriel. Ces tests sont ceux de Chang (2002) qui s'appuient sur un estimateur instrumental non linéaire permettant de résoudre le problème de nuisance lié aux corrélations interindividuelles.

$$\Delta y_{it} = \alpha_i + \rho_i y_{it-1} + \sum_{j=1}^{p_i} \beta_{i,j} \Delta y_{i,t-j} + \varepsilon_{it} \qquad (2.29)$$

Où les innovations ε_{it}sont $i.i.d(0, \sigma^2)$et peuvent être corrélées dans la dimension individuelle. Pour éliminer cette dépendance, Chang (2002) a proposé d'utiliser pour chaque individu i, une variable instrumentale générée par une fonction non linéaire $F(y_{i,t-j})$des valeurs passées $y_{i,t-j}$. L'instrument linéaire peut être supposé corrélé au régresseur $y_{i,t-j}$.
Chang (2002) désigne $x_{i,t}$le vecteur des premières différences centrées passées ($\Delta y_{i,t-j}, \dots, \Delta y_{i,t-p_i})'$et la $X_i = (x_{i,p_i+1}, \dots, x_{i,T})'$matrice $p_i)$correspondante (T ,. $y_{l,i}$ =($y_{i,p_i}, \dots, y_{i,T-1})'$le vecteur des valeurs passées et $y_{l,i}$ =($\varepsilon_{i,p_i+1}, \dots, \varepsilon_{i,T})'$le vecteur des résidus. Sous l'hypothèse nulle de racine unitaire, l'estimateur des variables instrumentales non linéaires du paramètre ρest alors défini par :

$$\hat{\rho}_i = \left[F(y_{l,i})' y_{l,i} - F(y_{l,i})' X_i (X'_i X_i)^{-1} X'_i y_{l,i}\right]^{-1} \left[F(y_{l,i})' y_{l,i} - F(y_{l,i})' X_i (X'_i X_i)^{-1} X'_i \varepsilon_i\right]$$

La variance de cet estimateur est

$$\hat{\sigma}^2_{\rho_i} = \hat{\sigma}^2_{\varepsilon_i} \left[F(y_{l,i})' y_{l,i} - F(y_{l,i})' X_i (X'_i X_i)^{-1} X'_i y_{l,i}\right]^{-2} \left[F(y_{l,i})' F(y_{l,i}) - F(y_{l,i})' X_i (X'_i X_i)^{-1} X'_i F(y_{l,i})\right]$$

Ou $\hat{\sigma}^2_{\varepsilon_i} = \frac{1}{T} \sum_{t=1}^{T} \hat{\varepsilon}^2_{it}$,

Chang (2002) a montré que la statistique utilisée pour le test de racine unitaire notée Z_i, et construite à partir de $\hat{\rho}_i$, converge asymptotiquement vers une distribution normale centrée réduite :

$Z_i = \frac{\hat{\rho}_i}{\hat{\sigma}_{\rho_i}}$ Converge vers N(0,1) lorsque t tend vers l'infini, pour i=1,…,N.

Chang (2002) a montré que les statistiques t Z_i sont asymptotiquement indépendantes dans la dimension individuelle, ce qui nécessite l'utilisation de statistiques moyennes :

$$S_N = \frac{1}{\sqrt{N}} \sum_{i=1}^{N} Z_i \qquad (2.30)$$

Cette statistique est également distribuée normalement.

Application avec stata

- Calculer la moyenne transversale de la variable en fonction du temps,

sort: egen cross_mean = mean(x2)

- Soustraire la moyenne transversale de la variable

gen demeaned_x2 = x2 - cross_mean

- Déterminer le nombre approprié de retards (lags)

Bysort id: gen dx2 = d.demeaned_x2

Bysort id: gen l.x2 = L.demeaned_x2

- Effectuer les régressions augmentées pour chaque unité de panel

Bysort id: reg d.x2 l.x2 cross_mean

- Extraire les résidus
  predict uhat, residuals
- Appliquer le test de racine unitaire sur les résidus

  xtunitroot ips uhat

Résultats :

```
. by id, sort:  reg d.x2 l.x2 cross_mean

-> id = 1

      Source |       SS           df       MS      Number of obs   =        20
-------------+----------------------------------   F(2, 17)        =      9.37
       Model |  81.7974408         2  40.8987204   Prob > F        =    0.0018
    Residual |  74.2382313        17  4.36695478   R-squared       =    0.5242
-------------+----------------------------------   Adj R-squared   =    0.4682
       Total |  156.035672        19  8.2124038    Root MSE        =    2.0897

------------------------------------------------------------------------------
        D.x2 | Coefficient  Std. err.      t    P>|t|     [95% conf. interval]
-------------+----------------------------------------------------------------
          x2 |
         L1. |  -.9898536    .258051    -3.84   0.001    -1.534294   -.4454137
             |
  cross_mean |   .4463506   .3676941     1.21   0.241    -.3294162    1.222117
       _cons |    6.05873   8.088087     0.75   0.464    -11.00564     23.1231
------------------------------------------------------------------------------
```

```
-> id = 47

      Source |       SS           df       MS      Number of obs   =        20
-------------+----------------------------------   F(2, 17)        =     11.53
       Model |  373.587387         2  186.793694   Prob > F        =    0.0007
    Residual |  275.469129        17  16.2040664   R-squared       =    0.5756
-------------+----------------------------------   Adj R-squared   =    0.5257
       Total |  649.056516        19  34.1608693   Root MSE        =    4.0254

------------------------------------------------------------------------------
        D.x2 | Coefficient  Std. err.      t    P>|t|     [95% conf. interval]
-------------+----------------------------------------------------------------
          x2 |
         L1. |  -1.128746   .2368777    -4.77   0.000    -1.628514   -.6289777
             |
  cross_mean |   .4455436   .6946012     0.64   0.530    -1.019937    1.911024
       _cons |   13.61194   13.18715     1.03   0.316    -14.21051     41.4344
------------------------------------------------------------------------------

. predict uhat2, residuals
(47 missing values generated)

. xtunitroot ips uhat2

Im-Pesaran-Shin unit-root test for uhat2
----------------------------------------
H0: All panels contain unit roots           Number of panels  =     47
Ha: Some panels are stationary              Number of periods =     20

AR parameter: Panel-specific                Asymptotics: T,N -> Infinity
Panel means:  Included                                       sequentially
Time trend:   Not included

ADF regressions: No lags included
------------------------------------------------------------------------------
                                            Fixed-N exact critical values
                  Statistic      p-value        1%         5%        10%
------------------------------------------------------------------------------
 t-bar             -3.1380                   -1.820    -1.730    -1.690
 t-tilde-bar       -2.4781
 Z-t-tilde-bar     -9.6506       0.0000
------------------------------------------------------------------------------
```

Le test de Chang (2002) présente une p-value nulle montrant la stationnarité de la série x2

2.3. Tests de racine unitaire de panel avec ruptures structurelles (tests de racine unitaire de troisième génération)

Les tests de racine unitaire standard, tels que les tests de Levin-Lin-Chu, d'Im-Pesaran-Shin et de Fisher, reposent sur l'hypothèse d'un processus de génération de données stable. Cependant, si des ruptures structurelles sont présentes mais non prises en compte, ces tests peuvent présenter deux problèmes critiques. Premièrement, ils peuvent ne pas rejeter l'hypothèse nulle d'une racine unitaire, même lorsque la série est effectivement stationnaire (conduisant à une erreur de type IID). Deuxièmement, ils peuvent mal interpréter la nature de la stationnarité en présence de ruptures.

Pour pallier ces limites, les tests de racine unitaire de panel intégrant les ruptures structurelles sont devenus des outils essentiels en économétrie des séries chronologiques, notamment pour les données de panel où les dimensions transversales et temporelles sont analysées. Ces tests visent à déterminer si une série est stationnaire (sans racine unitaire) tout en tenant explicitement compte des ruptures structurelles : des variations soudaines des données causées par des événements tels que des changements de politique, des crises économiques ou des innovations technologiques.

1.1.1 Hadri et Rao (2008) :

Le test de Hadri et Rao (2008) étend le test de stationnarité de Hadri (2000) pour intégrer les ruptures structurelles dans les données de panel. Ce test est particulièrement utile en présence de ruptures structurelles de niveau ou de tendance, car elles peuvent biaiser les résultats des tests de racine unitaire standard. Sous l'hypothèse nulle, toutes les séries du panel sont stationnaires, tandis que l'hypothèse alternative postule qu'au moins une série du panel est non stationnaire. Ce test autorise les ruptures structurelles de niveau ou de tendance et tient compte de l'hétérogénéité, tant dans le moment que dans l'ampleur des ruptures, entre les individus du panel. Cependant, il suppose l'absence de dépendance transversale, ce qui signifie qu'il n'y a pas de corrélation entre les unités du panel.

Hadri (2000) propose une procédure de multiplicateur de Lagrange (ML) pour tester l'hypothèse nulle selon laquelle toutes les séries individuelles d'un panel, notées y_{it}, sont stationnaires (soit autour d'une moyenne, soit autour d'une tendance linéaire) par rapport à l'hypothèse d'au moins une racine unitaire. Les deux tests ML proposés par Hadri sont des versions panel des tests développés par KPSS[3] pour tester la stationnarité de la moyenne et de la tendance dans un contexte univarié. Plus précisément, les spécifications du modèle considérées par Hadri (2000) sont les suivantes :

Hadri (2000) propose une procédure de multiplicateur de Lagrange (ML) pour tester l'hypothèse nulle selon laquelle toutes les séries individuelles d'un panel sont stationnaires, par rapport à l'hypothèse alternative selon laquelle au moins une série contient une racine unitaire. Les deux tests ML proposés par Hadri sont des adaptations de panel des tests KPSS, initialement conçus pour tester la stationnarité de la moyenne et de la tendance dans un contexte univarié. Plus précisément, les spécifications du modèle considérées par Hadri (2000) sont les suivantes :

$$Modèle\ 1: y_{it} = \alpha_i + r_{it} + \varepsilon_{it} \qquad (2.31)$$

$$Modèle\ 2: y_{it} = \alpha_i + r_{it} + \beta_i t + \varepsilon_{it} \qquad (2.32)$$

Où r_{it} sa marche aléatoire $r_{it} = r_{it-1} + u_{it}$, ε_{it} *and* u_{it} sont des distributions normales mutuellement indépendantes et iid à travers l'unité i et au cours du temps t.

L'hypothèse nulle suppose que toutes les sections transversales du panneau sont stationnaires, tandis que sous l'hypothèse alternative, il existe au moins une coupe transversale non stationnaire dans le panel.

$$\begin{cases} H_0: \sigma_{u,i}^2 = 0, & pour\ i = 1, \dots, N \\ H_1: \sigma_{u,i}^2 > 0, & i = 1, \dots, N_1, \quad et\ \sigma_{u,i}^2 = 0, pour\ i = N_1, \dots, N \end{cases}$$

Hadri et Rao (2008) étendent les tests de stationnarité de Hadri pour y intégrer la présence de ruptures structurelles. Plus précisément, ils considèrent quatre types distincts de modèles qui prennent en compte les ruptures structurelles sous l'hypothèse nulle de stationnarité.

$$Modèle\ 3: y_{it} = \alpha_i + r_{it} + \delta_i D_{it} + \varepsilon_{it} \qquad (2.33)$$

$$Modèle\ 4: y_{it} = \alpha_i + r_{it} + \beta_i t + \delta_i D_{it} + \varepsilon_{it} \qquad (2.34)$$

$$Modèle\ 5: y_{it} = \alpha_i + r_{it} + \beta_i t + \gamma_i DT_{it} + \varepsilon_{it} \qquad (2.35)$$

$$Modèle\ 6: y_{it} = \alpha_i + r_{it} + \delta_i D_{it} + \beta_i t + \gamma_i DT_{it} + \varepsilon_{it} \qquad (2.36)$$

[3] Le test KPSS (test de Kwiatkowski-Phillips-Schmidt-Shin) est un test statistique utilisé pour vérifier la stationnarité d'une série temporelle. Contrairement aux tests ADF (Augmented Dickey-Fuller) et PP (Phillips-Perron), qui supposent une racine unitaire sous l'hypothèse nulle, le test KPSS suppose la stationnarité sous l'hypothèse nulle.

Où les variables D_{it}et DT_{it} sont des variables muettes qui aident à caractériser le type de rupture structurelle dans les modèles. Ces variables muettes sont données par :

$$D_{it} = \begin{cases} 1 \ si \ t > TB_i \\ 0 \ \ si \, non \end{cases} \text{ et } DT_{it} = \begin{cases} t - TB_i \ si \ t > TB_i \\ 0 \ \ si \, non \end{cases}$$

où TB_i, désigne le temps d'apparition de la rupture.

La statistique du test de stationnarité du panel de Hadri et Rao (2008) est construite en calculant la moyenne simple des tests de stationnarité KPSS univariés individuels, c'est-à-dire :

$$LM = \frac{1}{N}\sum_{i=1}^{N}\frac{1}{T_i^2}\sum_{t=1}^{T_i}\left(\sum_{j=1}^{t}\hat{\varepsilon}_{ij}\right)^2 \qquad (2.37)$$

où $\hat{\varepsilon}_{ij}$sont les résidus du modèle.

Les valeurs critiques asymptotiques sont fournies par Hadri et Rao (2008). La distribution dépend du type de rupture structurelle et de l'emplacement du point de rupture.TB_i

Le test de racine unitaire de Hadti et Rao (2008) détecte les ruptures structurelles ignorées par de nombreux autres tests de racine unitaire de panel et fournit un cadre robuste pour tester la stationnarité des données économiques et financières où les ruptures sont fréquentes. Ce test suppose une indépendance transversale. Ainsi, pour les tests de dépendance transversale de panels dépendants tels que Pesaran et Yamagata (2008), Pesaran (2015) peut être nécessaire.

Application avec Stata

Étape 1 : estimer le temps de pause

xtbreak test x1 x2 , breaks(1)

H0: no break(s) vs. H1: 1 break(s)

```
---------------- Bai & Perron Critical Values ----------------
    Test        1% Critical    5% Critical    10% Critical
  Statistic        Value          Value          Value
----------------------------------------------------------------------
```

supW(tau) 41.19 12.29 8.58 7.04

Estimated break points: **2007**

Étape 2 : Intégrer les ruptures structurelles dans le modèle

- La rupture se produit au temps TB_i=2007, définie D_{it}comme :

  gen D = (temps > 2007)

- Modifier la tendance pour tenir compte de la rupture :
  gen breaktrend = temps * D

Étape 3 : Estimer les résidus

regress x1 year D breaktrend if id == 1

predict re, resid

Répétez ce processus pour toutes les unités de panneau ou automatisez-le avec une boucle :

gen uhat = .

bysort id: regress y time D breaktrend

predict temp_resid, resid

replace uhat = temp_resid

drop temp_resid

étape 4 : calculer la statistique LM

- Additionnez les résidus cumulés au carré pour chaque unité :

  gen cum_resid = .

  bysort id (year): gen sum_u = sum(uhat)

  bysort id (year): gen cum_resid = sum_u^2

- Calculer la statistique du test :

  collapse (mean) cum_resid, by(id)

  summarize cum_resid, mean

	Signifier	Erreur type	[Intervalle de confiance à 95 %]
cum_resid	276422	82438.8	110481,3 442362,7

Selon les valeurs critiques de Hadri et Rao (2008) présentés dans le tableau ci-dessus, nous rejetons l'hypothèse nulle de stationnarité de la variable.

1.1.2 Le test de racine unitaire de Lee et Tieslau (2019)

Le test de racine unitaire de panel d'Im, Lee et Tieslau (ILT, 2005) est une extension du test d'Im-Pesaran-Shin (IPS, 2003), intégrant les ruptures structurelles dans le cadre de test. Ce test est particulièrement utile pour l'analyse de données de panel avec des séries hétérogènes susceptibles de subir des ruptures structurelles spécifiques à chaque individu. L'étude de Lee et Tieslau (2019) présente un cadre actualisé pour les tests de racine unitaire de panel qui intègre les ruptures structurelles tout en remédiant aux limites des approches antérieures. Leur test est particulièrement pertinent pour l'analyse de données de panel en macroéconomie et en finance, où les ruptures structurelles causées par des événements tels que les crises économiques, les changements politique ou les évolutions technologiques sont fréquentes.

Le test de racine unitaire du panel LM de Lee et Tieslau (2019) détermine de manière endogène un paramètre de nuisance, un paramètre qui n'est pas d'intérêt principal, mais qui doit être pris en compte lors de l'analyse des paramètres d'intérêt principal. Une approche pour résoudre ce problème consiste à imposer la restriction selon laquelle les points de rupture surviennent simultanément pour tous les membres du panel. Cependant, comme le soutiennent Lee et Tieslau (2019), une telle restriction est peu pratique. Au lieu de cela, leur test prend en compte des points de rupture hétérogènes dans l'interception et la tendance d'une série et est exempt de paramètres de nuisance, ce qui est une caractéristique souhaitable.

$$y_{it} = Z'_{it}a_i + e_{it} \quad avec \ e_{it} = \rho_i e_{i,t-1} + \varepsilon_{it}, i = 1, \dots, N; t = 1, \dots, T \qquad (2.38)$$

Où y_{it}est la variable étudiée, i désigne l'unité du panel, t désigne la période de temps e_{it}et ε_{it} sont les termes d'erreur ($\varepsilon_{it} \sim N(0, \sigma_\varepsilon)$). Z_{it}est un vecteur de termes exogènes qui sont différents pour chaque i, il comprend les ruptures de niveau et de tendance

$$\begin{cases} H_0: \rho_i = 1, \quad pour\ tout\ i = 1, \dots, N \\ \quad presence\ de\ racine\ uitaire\ pour\ tous\ les\ panels \\ H_1: \rho_i < 1, \quad pour\ au\ moins\ un\ i, \\ \quad\quad au\ moins\ un\ panel\ stationnaire \end{cases}$$

. Un modèle qui permet à la fois l'interception et la tendance peut être spécifié avec :

$$Z_{it} = [1, t, D_{it}, DT_i^*] \qquad (2.39)$$

Où $D_{it} = \begin{cases} 1 & si\ t > TB_i + 1 \\ 0 & si\ non \end{cases}$ et $DT_{it}^* = \begin{cases} t - TB_i & si\ t > TB_i + 1 \\ 0 & si\ non \end{cases}$

TB_i représente la période unique de la rupture pour chaque i. Pour permettre plusieurs dates de ruptures (R), Lee et Tieslau (2019) ont introduit une variable muette supplémentaire dans le modèle.

$$Z_{it} = [1, t, D_{i1t}, \dots, D_{iRt}, DT_i^*]' \qquad (2.40)$$

Où $D_{itr} = \begin{cases} 1 & si\ t > TB_{ir} + 1, r = 1, \dots, R \\ 0 & si\ non \end{cases}$

et

$$DT_{itr}^* = \begin{cases} t - TB_{ir} & si\ t > TB_i + 1 \\ 0 & si\ non \end{cases}$$

TB_{ir} représente la date de rupture dans la période r pour chaque i.

Ce test s'applique en deux étapes. La première consiste à détendre Δy_{it})la série étudiée.

$$\tilde{y}_{it} = y_{it} - \widetilde{w}_{it} - Z_{it}\tilde{\delta}_i \qquad (2.41)$$

Où $\widetilde{w}_i = y_{i1} - Z_{i1}\tilde{\delta}_i$

La deuxième étape donne les statistiques du test de racine unitaire pour chaque i en utilisant la spécification suivante :

$$\Delta y_{it} = \delta_i' \Delta Z_{it} + \phi_i \tilde{y}_{it-1} + e_{it}, i = 1, \dots, N, t = 1, \dots, T. \qquad (2.42)$$

Pour corriger l'autocorrélation et les innovations distribuées de manière hétérogène, la régression est encore augmentée avec des termes retardés, alors :

$$\Delta y_{it} = \delta_i' \Delta Z_{it} + \phi_i \tilde{y}_{it-1} + \sum_{p=1}^{p} d_{ip} \Delta \tilde{y}_{it-p} + e_{it}, i = 1, \dots, N, t = 1, \dots, T. \qquad (2.43)$$

La statistique du test non stationnaire LM univarié pour les i[èmes] unités transversales est la statistique t pour l'hypothèse nulle $\phi_i = 0$

Pour ce faire, Lee et Tieslau (2019) utilisent d'abord une procédure séquentielle pour identifier les points de rupture et les estimer, parallèlement à un test de racine unitaire. Ensuite, le test repose sur une statistique de type Dickey-Fuller modifiée qui tient compte des ruptures structurelles dans les données sous-jacentes. Les avantages de ce test sont les suivants :

- Puissance améliorée par rapport aux tests qui ne tiennent pas compte des ruptures structurelles.
- Gère à la fois l'hétéroscédasticité et la dépendance transversale, qui sont courantes dans les ensembles de données de panel macroéconomiques et financières.
- Fournit une alternative robuste aux tests de racine unitaire de panel traditionnels tels que Levin-Lin-Chu (2002) et Im-Pesaran-Shin (2003) lorsque des changements structurels sont évidents.

Enfin, ce test est largement applicable pour tester la stationnarité de variables telles que le PIB, les taux d'inflation ou les séries chronologiques financières entre pays ou régions, en particulier pendant les périodes d'événements économiques importants.

Application avec stata

- ***Vérifier la présence des ruptures et estimer les dates***

xtbreak var1 var2, csd vce(hac)

- ***Incorporer des variables muettes des ruptures***

gen break1 = (time > breakpoint1)

gen break2 = (time > breakpoint2)

Vous pouvez également créer des termes d'interaction pour modéliser les changements de tendance ou de niveau :

gen break_trend1 = (time > breakpoint1) * time
gen break_trend2 = (time > breakpoint2) * time

- ***Ajuster les données***

reg var1 break1 break2 break_trend1 break_trend2

- ***Effectuer des tests de racine unitaire de panel avec des ruptures***
xtunitroot llc adjusted_resid, lags(1) trend
or
xtunitroot fisher adjusted_resid, lags(1) trend

Résultats

- ***Tests et estimation des dates de rupture***

Sequential test for multiple breaks at unknown breakpoints
(Ditzen, Karavias & Westerlund. 2021)

	Test Statistic	1% Critical Value	5% Critical Value	10% Critical Value
		Bai & Perron Critical Values		
F(1|0)	0.20	12.29	8.58	7.04
F(2|1)	14.36	13.89	10.13	8.51
F(3|2)	1.61	14.80	11.14	9.41
Detected number of breaks:		2	2	2

Le nombre de ruptures détectées indique le nombre le plus élevé de ruptures pour lesquelles l'hypothèse nulle est rejetée.

Estimation des points de rupture

N = 47
T = 20
SSR = 7534.46
Trimming = 0.15

#	Index	Date	[95% Conf. Interval]	
1	6	2006	2005	2007
2	16	2016	2015	2017

Cross-section averages: with breaks: __000005

- ***Effectuer des tests de racine unitaire de panel avec des ruptures***

Levin–Lin–Chu unit-root test for adjust_resid

H0: Panels contain unit roots   Number of panels = 47
Ha: Panels are stationary   Number of periods = 21

AR parameter: Common   Asymptotics: N/T -> 0
Panel means: Included
Time trend: Included

ADF regressions: 1 lag
LR variance: Bartlett kernel, 8.00 lags average (chosen by LLC)

	Statistic	p-value
Unadjusted t	-19.5150	
Adjusted t*	-6.4796	0.0000

Ce test montre que la p-values des statistiques de Lee et Tieslau (2019) est nulle indiquant la stationnarité de la variable en question (x2)

1.1.3 Test de racine unitaire Karavias et Tzavalis (2014)

Le test de racine unitaire avec ruptures structurelles de Karavias et Tzavalis (2014) est une approche novatrice conçue pour les données de panel. Ce test est particulièrement utile lorsque les données peuvent présenter des ruptures structurelles, pouvant survenir à des points inconnus de la série, affectant les propriétés de la racine unitaire.

Karavias et Tzavalis (2014) testent le test de racine unitaire avec des ruptures structurelles dans l'interception (modèle 1) et dans l'interception et la tendance (modèle 2) des séries.

Le modèle 1 teste la présence d'une racine unitaire par rapport à une rupture structurelle dans les interceptions de séries

$$\begin{aligned} Modèle\ 1\colon y_{i,t} = \rho y_{i,t-1} + (1-\rho)\left[\alpha_{1,i} I(t \leq b) + \alpha_{2,i} I(t > b)\right] \\ + \varepsilon_{i,t} \qquad (2.44) \end{aligned}$$

Avec la date de rupture est b et I(.) est la fonction indicatrice.

$\alpha_{1,i}$ et $\alpha_{2,i}$sont les effets fixes avant et après la date de rupture b

Le modèle 2 teste la présence d'une racine unitaire par rapport à une rupture structurelle à la fois dans l'interception et dans la tendance linéaire :

$$\begin{aligned} Modèle\ 2\colon y_{i,t} = \rho y_{i,t-1} + \rho\left[\beta_{1,i} I(t \leq b) + \beta_{2,i} I(t > b)\right] \\ + (1-\rho)\left[\alpha_{1,i} I(t \leq b) + \alpha_{2,i} I(t > b)\right] \\ + (1-\rho)\left[\beta_{1,i} t I(t \leq b) + \beta_{2,i} t I(t \\ > b)\right]\varepsilon_{i,t} \qquad (2.45) \end{aligned}$$

La rupture se produit dans $I_1 = \{1,2,\dots,T-1\}$ pour Modèle 1 et $I_2 = \{2,3,\dots,T-2\}$ pour Modèle2. $\beta_{1,i}$ et $\beta_{2,i}$, sont les coefficients de tendance linéaire avant et après la rupture.

Modèle1 et Modèle2 peuvent être étendus au cas de deux ruptures structurelles

$$\begin{cases} H_0: toutes\ les\ séries\ \ de\ panel\ présentent \\ une\ racine\ unitaire\ sans\ rupture\ (\rho = 1) \\ H_1: Certaines\ ou\ toutes\ les\ séries\ \ de\ panel\ sont \\ \quad stationnaires\ avec\ rupture\ structurelle\ (\rho < 1) \end{cases}$$

L'hypothèse alternative est homogène pour tous les individus, mais elle a également démontré la puissance du test face à des alternatives hétérogènes (Karavias et Travalis (2016)). Cependant, la rupture structurelle ne peut se produire que sous l'hypothèse alternative, grâce au test de racine unitaire de Zivot et Andrews (1992).

Pour une date de rupture prédéterminée b , le paramètre autorégressif ρ est estimé par les moindres carrés groupés suivant :

$$\hat{\rho} = \left(\sum_{i=1}^{N} y'_{i,-1}\ Q_m^b y_{i,-1}\right)^{-1} \left(\sum_{i=1}^{N} y'_{i,-1}\ Q_m^b y_i\right), m = \{M1, M2\} \qquad (2.46)$$

Q_m^b est la matrice de projection orthogonale qui est définie par :

$$Q_m^b = I_T - X_m^b \left(X'^{\,b}_{m} X_m^b\right)^{-1} X'^{\,b}_{m} \quad where\ X_{M1}^b = (e_1, e_2)$$

$$and\ X_{M2}^b = (e_1, e_2, \tau_1, \tau_2)$$

L'estimateur $\hat{\rho}$ est incohérent, Karavias et Tzavalis (2014) suggèrent qu'il doit être modifié.

Le test de cohérence est donné par les statistiques suivantes :

$$Z(b) = \sqrt{N}[C^b(k_u, \sigma_u^2]^{-\frac{1}{2}}(\hat{\rho} - 1 - B^b) \xrightarrow{L} N(0,1) \qquad (2.47)$$

Ditzen, Karavias et Westerlund (2021) supposent que les erreurs ne sont pas auto-corrélées et ne sont pas hétéroscédastiques.

En cas de date de rupture inconnue, un point de rupture est choisi qui minimise la statistique de test sur les dates de rupture possibles selon Zivot et Andrews (1992)

$$\min Z = \min_{b \in I_m} Z(b) \quad for\ m = \{M1, M2\} \qquad (2.48)$$

Ditzen et al. (2021) ont introduit une nouvelle commande permettant de capturer les variations stochastiques dans les séries chronologiques et les séries de données de panel. Ils ont introduit la commande « xtbreak » pour capturer plusieurs ruptures structurelles dans les séries de données. Ce test est asymptotiquement valide pour identifier les ruptures structurelles, les dates de rupture et l'intervalle de confiance. L'estimation comprend plusieurs types de tests ; le premier consiste à examiner l'absence de variation structurelle par rapport au nombre spécifique de variations dans la série de données ; le second consiste à tester la variation structurelle par rapport au nombre inconnu de variations dans la série de données.

Ce test se déroule comme suit

- Spécification du modèle : Le test de racine unitaire du panel peut être spécifié pour inclure des composants déterministes et permettre des ruptures de niveau, de tendance ou des deux.
- Estimation des points de ruptures: les points de ruptures sont déterminés à l'aide d'algorithmes conçus pour détecter les changements brusques dans les données.
- Statistique de test : Le test utilise une statistique de panel, souvent agrégée à partir de statistiques au niveau des séries individuelles.

Application avec Stata

xtbreak x2 l.x2 , csd vce(hac)

No additional breaks found for 4 breaks.

Sequential test for multiple breaks at unknown breakpoints (Ditzen, Karavias & Westerlund. 2021)

---------------- Bai & Perron Critical Values -----------------

	Test Statistic	1% Critical Value	5% Critical Value	10% Critical Value
F(1|0)	0.20	12.29	8.58	7.04
F(2|1)	14.36	13.89	10.13	8.51
F(3|2)	1.61	14.80	11.14	9.41

Detected number of breaks: 2 2 2

The detected number of breaks indicates the highest number of breaks for which the null hypothesis is rejected.

Estimation of break points

N = 47

T = 20

SSR = 7534.46

Trimming = 0.15

#	Index	Date	[95% Conf. Interval]	
1	6	2006	2005	2007
2	16	2016	2015	2017

Cross-section averages: with breaks: __000005

Test de racine unitaire avec des ruptures de date connues

Karavias and Tzavalis (2014) panel unit root test for x2

H0: All panel time series are unit root processes

H1: Some or all of the panel time series are stationary processes

----

Number of panels: 47 Avrge number of periods: 21.00

Number of breaks: 2

Cross-section dependence: Yes Linear time trend: No

Cross-section heteroskedasticity: Yes Normal errors: No

	Statistic	Asymtotic critical-value	p-value
Z-statistic	-16.3128	-1.6449	0.0000

Result: the null is rejected

Known break date(s): 2006 2016

Test de racine unitaire avec des ruptures de date inconnues.

xtbunitroot x2, unknown(2) csd het

Karavias and Tzavalis (2014) panel unit root test for x2

H0: All panel time series are unit root processes

H1: Some or all of the panel time series are stationary processes

----

Number of panels: 47 Avrge number of periods: 21.00

Number of breaks: 2 Bootstrap replications: 100

Cross-section dependence: Yes Linear time trend: No

Cross-section heteroskedasticity: Yes Normal errors: No

	Statistic	Bootstrap critical-value	p-value
minZ-statistic	-22.5755	-6.8550	0.0000

Test de racine unitaire avec rupture structurelle dans la tendance linéaire

. xtbunitroot x2, unknown(2) trend

Karavias and Tzavalis (2014) panel unit root test for x2

H0: All panel time series are unit root processes

H1: Some or all of the panel time series are stationary processes

---

Number of panels: 47 Avrge number of periods: 21.00

Number of breaks: 2 Bootstrap replications: 100

Cross-section dependence: No Linear time trend: Yes

Cross-section heteroskedasticity: No Normal errors: No

	Statistic	Bootstrap critical-value	p-value
minZ-statistic	-13.8734	-3.2716	0.0000

Result: the null is rejected

Estimated break date(s): 2002 2017

Les resultats du test de racine unitaire de Karavias and Tzavalis (2014) dans les cas ou les ruptures se produisent dans des dates connues ou inconnues montrent que la series x2 est non stationnaire.

Conclusion

Ce chapitre a exploré deux aspects essentiels de l'analyse des données de panel : les tests de dépendance transversale et l'évolution des tests de racine unitaire sur trois générations. En explorant à la fois les cadres théoriques et les applications pratiques, nous soulignons l'importance de prendre en compte la dépendance transversale et la présence de racines unitaires dans les données de panel afin de garantir des résultats empiriques robustes et fiables.

La dépendance transversale est une caractéristique courante des données de panel, en particulier dans les ensembles de données impliquant des unités interconnectées telles que des pays ou des entreprises. Ignorer cette dépendance peut conduire à des estimateurs biaisés et inefficaces. Ce chapitre présente des tests clés, tels que le test de densité de corrélation de Pesaran et le test de Frees, qui aident les chercheurs à prendre en compte les corrélations transversales. Ces tests sont essentiels pour garantir que les modèles reflètent fidèlement les interdépendances présentes dans les données.

Ce chapitre retrace également l'évolution des tests de racine unitaire de panel, en commençant par les tests de première génération (par exemple, Levin-Lin-Chu et Hadri), qui supposent une indépendance transversale, jusqu'aux tests de deuxième génération (par exemple, Pesaran CIPS), qui intègrent une dépendance transversale. Enfin, nous avons abordé les tests de racine unitaire de troisième génération, qui présentent des complexités supplémentaires telles que les ruptures structurelles. Ces avancées ont considérablement amélioré la capacité des chercheurs à analyser des données non stationnaires dans des contextes réels, où les interdépendances et les changements structurels sont souvent présents.

À travers des explications théoriques et des exemples pratiques, ce chapitre démontre comment ces tests peuvent être appliqués à des ensembles de données réels. Qu'il s'agisse d'analyser des indicateurs microéconomiques et macroéconomiques, des données financières ou d'autres ensembles de données de panel, la compréhension et la prise en compte de la dépendance transversale et de la non-stationnarité sont essentielles pour tirer des conclusions valables et significatives.

Chapitre 3
Modèles de données de panel linéaire

L'analyse de données de panel est devenue un outil essentiel en économétrie, permettant aux chercheurs d'étudier des relations complexes à la fois temporelles et spatiales. Ce chapitre se concentre sur les modèles de panel linéaires, largement utilisés pour analyser des ensembles de données intégrant des dimensions transversales et chronologiques. Nous proposons un aperçu complet des cadres théoriques et des applications pratiques des principaux modèles de panel linéaires, notamment les modèles à effets individuels, qui prennent en compte l'hétérogénéité inobservée entre individus (ou entités) à l'aide de spécifications à effets fixes (EF) ou à effets aléatoires (ER). Ils sont essentiels pour contrôler les caractéristiques invariantes dans le temps susceptibles d'influencer la variable résultat. Ensuite, le modèle groupé, qui représente l'approche la plus simple, suppose une homogénéité entre individus et périodes. Bien que facile à mettre en œuvre, il néglige souvent d'importantes sources d'hétérogénéité. Une approche hybride, appelée modèle de Mundlak, relie les effets fixes et aléatoires en intégrant les groupes de moyennes des covariances variables dans le temps. Elle offre une approche flexible pour traiter l'hétérogénéité inobservée. La deuxième étape présente les modèles de panel dynamiques. Ces modèles intègrent des variables dépendantes retardées pour saisir la persistance dans le temps. Des techniques comme l'estimateur GMM d'Arellano-Bond sont utilisées pour traiter l'endogénéité et la corrélation sérielle. Le modèle ARDL (Autoregressive Distributed Lag) est également utilisé : il s'agit d'un cadre polyvalent pour analyser les relations à court et à long terme entre variables, particulièrement utile en présence de cointégration. Enfin, ce chapitre présente les modèles de panel cointégrés. Ces modèles étendent l'analyse de cointégration aux données de panel, permettant aux chercheurs d'étudier les relations d'équilibre à long terme entre variables non stationnaires.

Ce chapitre explore les fondements théoriques de ces modèles et leurs applications pratiques à travers des exemples illustratifs. Par souci de cohérence, nous utilisons la même base de données que dans le chapitre précédent. Cependant, si un modèle spécifique nécessite un jeu de données différent, les données seront présentées au moment de l'application.

En comprenant les points forts et les limites de chaque modèle, les chercheurs peuvent prendre des décisions éclairées sur les méthodes les plus appropriées pour leurs ensembles de données et leurs questions de recherche spécifiques.

3.1. Modèles d'effets individuels

Les modèles à effets individuels supposent que les modèles estimés diffèrent par individu uniquement par la valeur de la constante $a_{0i} = a_0 + a_i$. On distinguera deux cas : les modèles à effets fixes (l'effet individuel est constant dans le temps) et les modèles à effets aléatoires (le terme constant est une variable aléatoire dans le temps).

Les modèles à effets individuels peuvent être transposés au modèle à effets temporels, la constante s'écrit alors comme $a_{0t} = a_0 + a_t$

3.1.1. Modèle à effets fixes :

Le modèle à effets fixes suppose que les relations entre la variable dépendante et les variables explicatives sont identiques pour tous les individus. Si l'on considère N individus, observés sur T périodes et K variables explicatives, le modèle s'écrit :

$$y_{it} = \alpha_i + \beta' x_{it} + \varepsilon_{it}$$

Avec

y_{it} = variable endogène observée pour l'individu i à la période t

x_{it} = vecteur de k variables exogènes $x'_{it} = (x_{1it}, x_{2it} \dots, x_{kit})$

α_i= terme constant de l'individu i

β'= Vecteur de k coefficients des k variables exogènes $\beta'_i = (\beta_{1i}, \beta_{2i} \dots, \beta_{ki})$

ε_{it}= terme d'erreur,

La méthode d'estimation des paramètres dépendra de la structure des termes d'erreur :

- Si les erreurs sont homoscédastiques, non auto-corrélées dans la dimension temporelle $Cov(\varepsilon_{it}, \varepsilon_{it'}) = 0 \ for \ t \neq t'$ et dans la dimension individuelle $Cov(\varepsilon_{it}, \varepsilon_{jt}) = 0 \ pour \ i \neq j$, la méthode des moindres carrés ordinaires (MCO) sur les variables indicatrices (LSDV : Least Square Dummy variable) ou sur les estimateurs Within est la méthode d'estimation appropriée.
- Si les erreurs sont hétéroscédastiques et/ou autocorrélées dans la dimension temporelle mais indépendantes dans la dimension individuelle : la méthode des moindres carrés généralisés (GLS)

sur les variables indicatrices (LSDV) ou les estimateurs Within sont appropriés.

3.1.1.1. Estimateur des moindres carrés sur variables muettes (LSDV)
L'estimateur LSDV consiste à appliquer la méthode des MCO au modèle avec des variables indicatrices spécifiques pour chacun des N individus. Nous construisons ainsi **N-1** variables indicatrices telles que :$D_i = 1$ pour l'individu i et 0 pour les autres.

Le modèle est écrit $y_{it} = \alpha_0 + \alpha_2 D_2 + \alpha_3 D_3 + \cdots + \alpha_N D_N + \beta' x_{it} + \varepsilon_{it}$ (3.1)

Ce modèle peut également être écrit comme

$$y_{it} = \alpha_0 + \alpha_1 D_1 + \alpha_2 D_2 + \cdots + \alpha_{N-1} D_{N-1} + \beta' x_{it} + \varepsilon_{it}$$

écriture matricielle $Y = D_\delta + X\beta + \varepsilon$
où

- y est le vecteur NT×1 des variables dépendantes,
- D est une matrice NT×(N−1) de variables muettes,
- X est une matrice NT×K de variables indépendantes,
- δest (N−1)×1 vecteur de coefficients spécifiques à chaque individu,
- βest le vecteur K×1 des coefficients de pente,
- εest le vecteur du terme d'erreur.

Donc, en pratique, le modèle estimé par MCO est $\begin{bmatrix}\beta\\ \delta\end{bmatrix} = (Z'Z)^{-1}Z'Y$

où $Z = [D\ \ X]$est la matrice combinée des variables muettes et des variables indépendantes.

En pratique, nous estimons le modèle sans la constante α_0. Et par GLS si les erreurs sont hétéroscédastiques et/ou autocorrélées.

On peut enfin calculer $\alpha_i = \alpha_0 + \alpha_i\ , i = 1,2, \dots, N$ du modèle initial, la valeur de la constante α étant égale à la moyenne des coefficients estimés α_i

Les avantages de l'estimation LSDV résident d'abord dans le fait que l'inclusion de variables muettes permet au modèle de contrôler toutes les caractéristiques invariantes des individus dans le temps. Ensuite, elle exploite les techniques standard des MCO. Cependant, cette procédure d'estimation présente certaines limites. Pour un grand nombre d'individus, l'inclusion de variables muettes peut entraîner des coûts de calcul élevés et une perte de degrés de liberté. De plus, lorsque le nombre d'individus N est important et le nombre de périodes T faible, les estimations des effets fixes individuels α_i peuvent être biaisées.

Application avec stata

Étape 1 : Générer des variables muettes (dummy)

Variables muettes individuelles :

```
. tabulate id, generate(d_entity)
```

Pays	Freq.	Percent	Cum.
1	25	11.11	11.11
2	25	11.11	22.22
3	25	11.11	33.33
4	25	11.11	44.44
5	25	11.11	55.56
6	25	11.11	66.67
7	25	11.11	77.78
8	25	11.11	88.89
9	25	11.11	100.00
Total	225	100.00	

Variables muettes temporelles :

```
. tabulate time, generate(d_time)
```

Ann□e	Freq.	Percent	Cum.
1	9	4.00	4.00
2	9	4.00	8.00
3	9	4.00	12.00
4	9	4.00	16.00
5	9	4.00	20.00
6	9	4.00	24.00
7	9	4.00	28.00
8	9	4.00	32.00
9	9	4.00	36.00
10	9	4.00	40.00
11	9	4.00	44.00
12	9	4.00	48.00
13	9	4.00	52.00
14	9	4.00	56.00
15	9	4.00	60.00
16	9	4.00	64.00
17	9	4.00	68.00
18	9	4.00	72.00
19	9	4.00	76.00
20	9	4.00	80.00
21	9	4.00	84.00
22	9	4.00	88.00
23	9	4.00	92.00
24	9	4.00	96.00
25	9	4.00	100.00
Total	225	100.00	

Étape 2 : Supprimer la première variable muette

Pour éviter le piège de la variable muette (multicolinéarité parfaite), supprimez une variable muette pour chaque ensemble de variables muettes (indivduel et temporel). Généralement, la première variable muette est supprimée.

drop d_entity1

drop d_time1

Étape 3 : Exécuter la régression

```
. regress y x1 x2 d_entity* d_time*
note: d_entity6 omitted because of collinearity.
note: d_time5 omitted because of collinearity.
```

Source	SS	df	MS			
				Number of obs	=	225
				F(34, 190)	=	2.41
Model	72823402.4	34	2141864.78	Prob > F	=	0.0001
Residual	169204627	190	890550.667	R-squared	=	0.3009
				Adj R-squared	=	0.1758
Total	242028029	224	1080482.27	Root MSE	=	943.69

y	Coefficient	Std. err.	t	P>|t|	[95% conf.	interval]
x1	-66.63704	25.78773	-2.58	0.011	-117.5041	-15.77002
x2	19.10421	19.41267	0.98	0.326	-19.18784	57.39625
d_entity1	-929.8203	382.5236	-2.43	0.016	-1684.359	-175.2817
d_entity2	-1403.422	367.0914	-3.82	0.000	-2127.52	-679.3237
d_entity3	281.6838	295.2608	0.95	0.341	-300.7265	864.0941
d_entity4	-903.0776	415.6586	-2.17	0.031	-1722.976	-83.17922
d_entity5	-1397.256	390.1967	-3.58	0.000	-2166.93	-627.5818
d_entity6	0	(omitted)				
d_entity7	-1283.861	420.8781	-3.05	0.003	-2114.054	-453.6667
d_entity8	-1524.585	432.2561	-3.53	0.001	-2377.222	-671.9475
d_entity9	-1468.933	390.7361	-3.76	0.000	-2239.671	-698.1954
d_time1	-262.2654	578.8311	-0.45	0.651	-1404.026	879.4952
d_time2	1168.887	477.5679	2.45	0.015	226.8707	2110.903
d_time3	24.35265	447.9996	0.05	0.957	-859.3392	908.0445
d_time4	-50.29609	446.9098	-0.11	0.911	-931.8383	831.2461
d_time5	0	(omitted)				

d_time6	997.9657	453.3587	2.20	0.029	103.7028	1892.229
d_time7	-164.4129	452.9453	-0.36	0.717	-1057.86	729.0344
d_time8	-55.90734	450.3198	-0.12	0.901	-944.1758	832.3612
d_time9	-30.87685	445.5836	-0.07	0.945	-909.8031	848.0494
d_time10	-249.1864	446.4935	-0.56	0.577	-1129.907	631.5347
d_time11	-155.0246	447.7318	-0.35	0.730	-1038.188	728.1389
d_time12	-273.8941	452.0791	-0.61	0.545	-1165.633	617.8447
d_time13	-83.90189	449.7065	-0.19	0.852	-970.9607	803.1569
d_time14	-282.9638	457.1062	-0.62	0.537	-1184.619	618.6911
d_time15	-276.2872	458.2951	-0.60	0.547	-1180.287	627.7128
d_time16	-116.5012	454.7389	-0.26	0.798	-1013.487	780.4842
d_time17	-247.8359	452.1658	-0.55	0.584	-1139.746	644.0739
d_time18	-118.4803	452.5864	-0.26	0.794	-1011.22	774.2591
d_time19	91.13471	452.06	0.20	0.840	-800.5663	982.8357
d_time20	40.84228	463.2619	0.09	0.930	-872.9549	954.6395
d_time21	-124.5188	465.0051	-0.27	0.789	-1041.754	792.7169
d_time22	185.4959	466.4553	0.40	0.691	-734.6002	1105.592
d_time23	-208.5665	490.2365	-0.43	0.671	-1175.572	758.4388
d_time24	38.68483	545.6128	0.07	0.944	-1037.552	1114.921
d_time25	36.16806	538.5633	0.07	0.947	-1026.163	1098.499
_cons	1750.566	553.8244	3.16	0.002	658.132	2843

3.1.1.2. L'estimateur Within

L'estimateur within, également appelé estimateur à effets fixes (EF), est une méthode utilisée en analyse de données de panel pour estimer les paramètres d'un modèle à effets fixes. Il élimine les effets individuels non observés et invariants dans le temps (α_i) en transformant les données, ce qui le rend particulièrement utile lorsque α_i est corrélé avec les regresseurs (xit).

L'estimateur des moindres carrés ordinaires (MCO) des paramètres α_i et de β dans le modèle à effets fixes est également appelé estimateur Within. Les estimateurs de ce modèle par la méthode des MCO sont sans biais. En pratique, l'estimateur Within des MCO est obtenu à partir d'un modèle transformé où les différentes variables du modèle sont centrées par rapport à leurs moyennes individuelles respectives. Cela favorise l'exploitation de la variabilité intra-individuelle (dimension temporelle) dans l'estimation des paramètres structurels du modèle.

L'estimateur Within (estimateur intra-individuel) consiste à centrer d'abord toutes les variables à expliquer et explicatives sur leurs moyennes individuelles

$$\bar{y}_i = \frac{1}{T}\sum_{t=1}^{T_i} y_{it} \,, \qquad \bar{x}_i = \frac{1}{T}\sum_{t=1}^{T_i} x_{it}$$

$$S_{xxi} = \sum_{t=1}^{T_i}(x_{it} - \bar{x}_i)^2, \quad S_{yyi} = \sum_{t=1}^{T_i}(y_{it} - \bar{y}_i)^2 \; et \; S_{xiyi}$$

$$= \sum_{t=1}^{T_i}(x_{it} - \bar{x}_i)(y_{it} - \bar{y}_i)$$

et d'appliquer la méthode MCO (ou MCG si les erreurs sont hétéroscédastiques et/ou autocorrélées) sur le modèle transformé :

$$(y_{it} - \bar{y}_i) = \beta'(x_{it} - \bar{x}_i) + \varepsilon_{it} \quad for \; i = 1, \dots, N \; et \; t = 1, \dots, T$$

Après avoir estimé les coefficients β' , les coefficients fixes individuels α_i sont obtenus par les relations

$\hat{\alpha}_1 = \bar{y}_1 - \beta'\bar{x}_1$; $\hat{\alpha}_2 = \bar{y}_2 - \beta'\bar{x}_2$;…,$\hat{\alpha}_N = \bar{y}_N - \beta'\bar{x}_N$

Nous concluons ensuite les coefficients $\alpha_i = \alpha_0 + \alpha_i \;, i = 1,2, \dots, N$ du modèle initial comme précédemment. Cette méthode conduit aux mêmes résultats que la méthode LSDV.

Le principal avantage de la méthode d'estimation intra du panel est de contrôler l'hétérogénéité inobservée susceptible de biaiser les résultats et de la mettre en œuvre facilement avec des données de panel. Les inconvénients de l'estimation intra sont, premièrement, la suppression des effets fixes individuels, ce qui réduit les degrés de liberté disponibles. Deuxièmement, les variables qui ne changent pas au fil du temps (par exemple, le sexe, la région) sont éliminées lors de la transformation intra. Enfin, si ε_{it} est corrélé à x_{it}, l'estimateur intra peut encore être biaisé.

Application avec stata

```
. xtreg y x1 x2, fe

Fixed-effects (within) regression               Number of obs      =       225
Group variable: pays                            Number of groups   =         9

R-sq:  within  = 0.0376                         Obs per group: min =        25
       between = 0.3505                                        avg =      25.0
       overall = 0.0039                                        max =        25

                                                F(2,214)           =      4.18
corr(u_i, Xb)  = -0.6099                        Prob > F           =    0.0166

------------------------------------------------------------------------------
           y |      Coef.   Std. Err.      t    P>|t|     [95% Conf. Interval]
-------------+----------------------------------------------------------------
          x1 |  -49.50377   23.64297    -2.09   0.037    -96.10669   -2.900844
          x2 |   22.17142   11.02105     2.01   0.046     .4476965    43.89514
       _cons |   654.9109   181.7605     3.60   0.000     296.6407    1013.181
-------------+----------------------------------------------------------------
     sigma_u |  602.25463
     sigma_e |  955.82663
         rho |  .28418579   (fraction of variance due to u_i)
------------------------------------------------------------------------------
F test that all u_i=0:     F(8, 214) =     5.24             Prob > F = 0.0000

.
```

3.1.1.3. Estimateur de différence première

L'estimateur de première différence (first difference (FD)) est une méthode utilisée en analyse de données de panel pour estimer les paramètres d'un modèle à effets fixes tout en tenant compte de l'hétérogénéité inobservée invariante dans le temps (α_i). Il transforme les données en différenciant les observations sur des périodes consécutives, supprimant ainsi les effets spécifiques à chaque individu (α_i) susceptibles de biaiser les estimations.

$$y_{it} = \alpha_i + \beta' x_{it} + \varepsilon_{it} \qquad (3.2)$$

Avec

y_{it} = variable endogène observée pour l'individu i à la période t

x_{it} = vecteur de k variables exogènes$x'_{it} = (x_{1it}, x_{2it} \dots, x_{kit})$

α_i= terme constant de l'individu i

β'= Vecteur de k coefficients des k variables exogènes $\beta'_i = (\beta_{1i}, \beta_{2i} \dots, \beta_{ki})$

ε_{it}= terme d'erreur,

Pour éliminer α_i, nous prenons la première différence du modèle :

$$\Delta y_{i,t} = y_{i,t} - y_{i,t-1}, \ \ \Delta x_{i,t} = x_{i,t} - x_{i,t-1}, et \ \Delta\varepsilon_{i,t} = \varepsilon_{i,t} - \varepsilon_{i,t-1}$$

Le modèle transformé devient :

$$\Delta y_{i,t} = \beta\Delta x_{i,t} + \Delta\varepsilon_{i,t} \qquad (3.3)$$

Cette transformation supprime α_i., et l'estimateur de différence première est obtenu en appliquant les moindres carrés ordinaires (MCO) au modèle différencié :

$$\hat{\beta} = (\Delta X'\Delta X)^{-1}\Delta X'\Delta Y \qquad (3.4)$$

Pour que l'estimateur FD soit consistant et non biaisé, les hypothèses suivantes doivent être vérifiées :

- Les variables explicatives $x_{i,t}$ doivent être non corrélées du terme d'erreur dans toutes les périodes :$E(\Delta x_{i,t}, \Delta\varepsilon_{i,t}) = 0$
- Le terme d'erreur initial $\varepsilon_{i,t}$ ne doit pas présenter de corrélation sérielle. Si la série $\varepsilon_{i,t}$ est corrélée, $\Delta\varepsilon_{i,t} = \varepsilon_{i,t} - \varepsilon_{i,t-1}$ le sera également, ceci entraînera des estimations biaisées.
- Les variables indépendantes en différence première $\Delta x_{i,t}$ doivent varier au fil du temps au sein des entités pour que les paramètres soient identifiés.
- La distribution du terme d'erreur $\varepsilon_{i,t}$ doit rester stable dans le temps.

Le processus de différenciation élimine α_i la cause du biais dû à l'hétérogénéité individuelle non observée. De plus, la transformation en différence première est simple à mettre en œuvre et à interpréter. Ainsi, l'estimateur en différence première est souvent utilisé dans les modèles de données de panel dynamiques pour tenir compte de la dépendance sérielle des données. Cependant, cet estimateur présente certaines limites. Premièrement, la différenciation peut amplifier l'effet de l'erreur de mesure dans les données, entraînant un biais d'atténuation. Deuxièmement, le processus de différenciation première réduit le nombre d'observations de T−1 pour chaque entité, ce qui peut entraîner une perte de puissance statistique, en particulier dans les panels courts. Ensuite, si les variables indépendantes x_{it} varient peu au fil du temps, la différenciation supprime une grande partie de l'information utile. Enfin, si les erreurs d'origine sont corrélées en série, l'estimateur en différence première peut souffrir de biais et d'inefficacité.

Application avec stata

Étape 1 : Générer les premières différences

gen D_y = Dy

gen D_X1 = D.X1

gen D_X2 = D.X2

Étape 2 : Estimer le modèle en différences premières

```
. regress D_y D_x1 D_x2
```

Source	SS	df	MS			
				Number of obs	=	216
				F(2, 213)	=	0.85
Model	3238788.89	2	1619394.44	Prob > F	=	0.4297
Residual	406770731	213	1909721.74	R-squared	=	0.0079
				Adj R-squared	=	-0.0014
Total	410009520	215	1907021.02	Root MSE	=	1381.9

D_y	Coefficient	Std. err.	t	P>|t|	[95% conf.	interval]
D_x1	5.464355	60.99704	0.09	0.929	-114.7708	125.6995
D_x2	25.7215	19.7986	1.30	0.195	-13.30479	64.74778
_cons	7.00592	94.21266	0.07	0.941	-178.7027	192.7145

3.1.2. Modèle à effets aléatoires :

Le modèle à effets aléatoires (modèle d'erreur composée) suppose que la spécificité individuelle est aléatoire. Le terme constant propre à l'individu i est aléatoire. Il est décomposé en un terme fixe et un terme aléatoire propre à l'individu afin de contrôler l'hétérogénéité individuelle. En regroupant les termes aléatoires du modèle, on obtient une structure d'erreur composée.

Le modèle à effets aléatoires suppose que la relation entre la variable endogène et les variables exogènes n'est plus fixe, mais aléatoire.

Le terme d'erreur se décompose comme suit : $\varepsilon_{it} = \alpha_i + \lambda_t + v_{it}$. D'où le nom donné à ce type de modèle : modèle à composantes d'erreur

Ils α_i représentent les effets individuels aléatoires, la variable aléatoire $\lambda_t$représente. les effets temporels identiques et enfin v_{it}est un terme d'erreur orthogonal aux effets individuels et temporels.

De plus, nous respectons les hypothèses suivantes concernant les variables aléatoires $\alpha_i, \lambda_t\ et\ v_{it}$: espérances nulles, homoscédasticités, indépendance temporelle et orthogonalité entre les trois composantes.

Nous supposons que les résidus sont iid et satisfont les conditions suivantes :

- $E(\alpha_i) = E(v_{it}) = 0$
- $E(\alpha_i, v_{it}) = 0$
- $E(\alpha_i, \alpha_j) = \sigma_\alpha^2 \quad pour\ i = j, 0\ \ si\ non$
- $E(v_{it}, v_{st}) = \sigma_v^2 \quad pour\ i = s, 0\ \ si\ non$
- $E(\alpha_i, x'_{it}) = E(v_{it}, x'_{it}) = 0$

Dans le cas simple où l'effet temporel n'existe pas ($\lambda_t = 0$) le modèle à effets aléatoires individuels s'écrit alors :

$$y_{it} = \alpha + \beta' x_{it} + \varepsilon_{it} \quad avec\ \ \varepsilon_{it} = \alpha_i + v_{it} \qquad (3.5)$$

Ou encore $y_{it} = \alpha + \alpha_i + \beta' x_{it} + v_{it}$. Le coefficient α est un coefficient fixe identique pour tous les individus.

Contrairement au modèle à effets fixes, le modèle d'erreur composé utilise les deux dimensions du panel. Par conséquent, le champ de la recherche empirique peut être élargi en mesurant l'effet des facteurs invariants dans le temps, λ_t, en plus des facteurs explicatifs variables dans le temps, x_{ikt}. Les erreurs composées étant corrélées individuellement au fil du temps, la méthode des moindres carrés généralisés est utilisée. Il est facile de vérifier que l'application de la méthode des moindres carrés généralisés est équivalente à celle des MCO sur le modèle transformé suivant :

$$y_{it} - (1-\theta_i)\bar{y}_i = \alpha\theta_i + +\beta'(x_{it} - (1-\theta_i)\bar{x}_i) + \theta_i\alpha_i + \theta_i\lambda_t + v_{it} - (1 - \theta_i)\bar{v}_i \qquad (3.6)$$

$$with\ \theta_i = \sqrt{\frac{\sigma_v^2}{T_i{\sigma^2}_\alpha + \sigma_v^2}}$$

Nous pouvons déterminer l'estimateur GLS différemment car la composante aléatoire α_i est présente dans $\varepsilon_{it}\ et\ \varepsilon_{it}'$, d'où Cov ($\varepsilon_{it}, \varepsilon_{it}'$) $\neq$ 0. Nous avons donc une autocorrélation des erreurs.

Nous démontrons que l'estimateur GLS se réduit à une moyenne pondérée des estimateurs Within et between. L'estimateur between (estimateur inter-individuel noté $\hat{\beta}_{bet}$) est l'estimateur MCO appliqué à un modèle dont les données sont les N moyennes individuelles des variables endogènes et des variables exogènes.

$$\bar{y}_i = \alpha + \alpha_i + \beta'\bar{x}_i + \bar{v}_i\ for\ i = 1, \dots, N \qquad (3.7)$$

L'estimateur GLS est donné par :

$$\hat{\beta}_{GLS} = \Delta\hat{\beta}_{bet} + (1-\Delta)\hat{\beta}_{LSDV} \qquad (3.8)$$

Avec Δ matrice de dimension (K,K) des valeurs de poids, qui est inversement proportionnelle à la matrice de covariance de $\hat{\beta}_{bet}$.

L'introduction d'effets individuels aléatoires permet donc de combiner une spécification intermédiaire entre le modèle sans effet individuel et le modèle à effets fixes. La structure du panel n'est ni totalement homogène ni totalement hétérogène.

Application avec Stata

```
. xtreg y x1 x2,re

Random-effects GLS regression                   Number of obs     =        225
Group variable: id                              Number of groups  =          9

R-squared:                                      Obs per group:
     Within  = 0.0256                                         min =         25
     Between = 0.2012                                         avg =       25.0
     Overall = 0.0040                                         max =         25

                                                Wald chi2(2)      =       4.10
corr(u_i, X) = 0 (assumed)                      Prob > chi2       =     0.1286

------------------------------------------------------------------------------
           y | Coefficient  Std. err.      z    P>|z|     [95% conf. interval]
-------------+----------------------------------------------------------------
          x1 |  -9.907704   19.26576    -0.51   0.607     -47.6679     27.8525
          x2 |   21.70457   11.08687     1.96   0.050    -.0253053    43.43444
       _cons |   400.3119   198.5994     2.02   0.044     11.06426    789.5595
-------------+----------------------------------------------------------------
     sigma_u |  349.49879
     sigma_e |  955.82663
         rho |  .11793284   (fraction of variance due to u_i)
------------------------------------------------------------------------------
```

3.1.3. Estimateur des moindres carrés ordinaires (MCO) groupés (Pooled)

La méthode des MCO groupés est une méthode de régression linéaire utilisée pour estimer la relation entre la variable dépendante et les variables indépendantes dans les données de panel, en traitant les données comme s'il s'agissait d'un ensemble de données transversales. Cette approche ignore la structure inhérente des données de panel (effets spécifiques à l'individu et au temps) et suppose que toutes les observations, quelle que soit l'entité (individu, entreprise, pays), sont indépendantes et identiquement distribuées (iid).

Dans le cas de la méthode des MCO groupés, toutes les unités (entités) de l'échantillon sont traitées comme identiques. Il n'y a pas d'effet spécifique à l'individu (μ_i) ni d'effet spécifique au temps (λ_t). Ensuite, la méthode des MCO groupés estime le modèle en combinant toutes les observations dans un seul ensemble de données, puis en appliquant la formule de régression linéaire habituelle.

Le modèle est spécifié comme suit :

$$y_{it} = \beta_0 + \beta_1 x_{it1} + +\beta_2 x_{it2} + \cdots + \beta_k x_{itk} + \varepsilon_{it} \qquad (3.9)$$

Où

y_{it} est la variable dépendante de l'entité i à l'instant t

x_{itk} est la k $^{\text{-ième}}$ variable indépendante pour l'entité i à l'instant t

$\beta_0, \beta_1, \ldots, \beta_k$ sont les coefficients du modèle

ε_{it} est le terme d'erreur

La méthode des MCO groupés suppose les hypothèses suivantes :

- Aucun effet individuel : Le terme d'erreur n'a pas de composante spécifique à l'individu (μ_i) et aucun effet spécifique au temps (λ_t).
- Aucune endogénéité : les régresseurs (x_{itk}) sont supposés ne pas être corrélés avec le terme d'erreur (ε_{it}).
- Homoscédasticité : La variance du terme d'erreur est constante entre les observations.
- Aucune autocorrélation : les erreurs ne sont pas corrélées dans le temps.
- Aucune dépendance transversale : les termes d'erreur pour différentes entités sont indépendants.

Application avec Stata

```
. regress y x1 x2

      Source |       SS           df       MS      Number of obs   =       225
-------------+----------------------------------   F(2, 222)       =      3.91
       Model |  8245473.84         2  4122736.92   Prob > F        =    0.0213
    Residual |   233782555       222  1053074.57   R-squared       =    0.0341
-------------+----------------------------------   Adj R-squared   =    0.0254
       Total |   242028029       224  1080482.27   Root MSE        =    1026.2

------------------------------------------------------------------------------
           y | Coefficient  Std. err.      t    P>|t|     [95% conf. interval]
-------------+----------------------------------------------------------------
          x1 |   29.32698   13.82629     2.12   0.035     2.079408    56.57455
          x2 |   21.51258   11.47806     1.87   0.062    -1.107323    44.13248
       _cons |   146.2167   138.0735     1.06   0.291    -125.8859    418.3192
------------------------------------------------------------------------------
```

3.1.4. Modèle de données de panel de Mundlak

Le modèle de Mundlak (proposé par Yair Mundlak en 1978) est une approche économétrique utilisée en analyse de données de panel pour traiter la question de la corrélation entre les effets individuels et les variables explicatives. Il établit un lien entre les modèles à effets fixes (EF) et à effets aléatoires (ER), offrant une méthode d'estimation plus efficace.

Dans les modèles de données de panel standard, nous sommes souvent confrontés à un choix entre : 1) Le modèle à effets fixes (FE) qui permet une corrélation entre les effets individuels (αi) et les variables explicatives (Xit), mais n'estime pas les variables invariantes dans le temps. 2) Le modèle à effets aléatoires (RE) qui suppose que αi n'est pas corrélé à Xit, ce qui conduit à des gains d'efficacité mais à des résultats potentiellement biaisés si cette hypothèse n'est pas vérifiée. Le modèle de Mundlak modifie le modèle RE en permettant une relation systématique entre les effets individuels et les variables explicatives.
Le modèle de données de panel standard est :

$$y_{it} = \alpha_i + \beta' X_{it} + \varepsilon_{it}$$

Le modèle de Mundlak est une approche hybride combinant des éléments de modèles à effets fixes (EF) et à effets aléatoires (ER). Il aborde la limite du modèle à effets aléatoires, qui suppose que les effets individuels non observés ne sont pas corrélés aux variables explicatives. Si cette hypothèse est violée, l'estimateur à effets aléatoires devient biaisé. Le modèle de Mundlak assouplit cette hypothèse en intégrant les moyennes de groupe des variables explicatives variables dans le temps.

Au lieu de supposer que αi est indépendant de Xit, Mundlak propose $\alpha_i = \bar{X}_{i\gamma} + u_i$

Où $\bar{X}_i$ est la moyenne individuelle de X_{it} au fil du temps $\bar{X}_i = \frac{1}{T}\sum_{t=1}^{T} X_{it}$.

Dans ce cas, le modèle de Mundlak peut être exprimé comme suit :

$$y_{it} = \beta' X_{it} + \bar{X}_{i\gamma} + u_i + \varepsilon_{it} \qquad (3.10)$$

Où:

- y_{it}:Variable dépendante pour l'individu *i* à l'instant t.
- X_{it}:Variables explicatives variables dans le temps.
- $\bar{X}_{i\gamma}$:Moyennes de groupe (moyennes dans le temps) des variables explicatives pour l'individu i.
- β: Coefficients pour les variables explicatives variables dans le temps.
- γ: Coefficients pour les moyennes de groupe des variables explicatives.
- u_i: Effets individuels non observés (effets aléatoires).
- ε_{it}: Terme d'erreur idiosyncratique.

Application avec Stata

Étape 1 : Calculer la moyenne du groupe

Bysort id: egen mean_x1 = mean(x1)

Bysort id: egen mean_x2 = mean(x2)

Étape 2 : Estimer le modèle de Mundlak

xtreg y x1 x2 mean_x1 mean_x2, re

```
. xtreg y x1 x2 mean_x1 mean_x2, re

Random-effects GLS regression                   Number of obs     =        225
Group variable: pays                            Number of groups  =          9

R-squared:                                      Obs per group:
     Within  = 0.0376                                         min =         25
     Between = 0.3878                                         avg =       25.0
     Overall = 0.0938                                         max =         25

                                                Wald chi2(4)      =      12.16
corr(u_i, X) = 0 (assumed)                      Prob > chi2       =     0.0162

------------------------------------------------------------------------------
           y | Coefficient  Std. err.      z    P>|z|     [95% conf. interval]
-------------+----------------------------------------------------------------
          x1 |  -49.50377   23.64297    -2.09   0.036    -95.84314   -3.164399
          x2 |   22.17142   11.02105     2.01   0.044      .570551    43.77228
     mean_x1 |   112.4381   40.02399     2.81   0.005     33.99254    190.8837
     mean_x2 |   7.238934   92.88366     0.08   0.938    -174.8097    189.2876
       _cons |  -125.6555   694.5252    -0.18   0.856      -1486.9    1235.589
-------------+----------------------------------------------------------------
     sigma_u |  349.49879
     sigma_e |  955.82663
         rho |  .11793284   (fraction of variance due to u_i)
------------------------------------------------------------------------------
```

3.2.Tests de spécification de modèles

3.2.1. Test de Hausman (effets fixes vs effets aléatoires)

Le test de spécification de Hausman (1978) est un test général applicable à de nombreux problèmes de spécification en économétrie, traitant du problème d'endogénéité. Son application la plus répandue est celle des tests de spécification d'effets individuels aléatoires en panels. L'idée générale du test de Hausman est simple : supposons que l'on cherche à tester la présence éventuelle d'une corrélation ou d'une erreur de spécification. Admettons que l'on dispose de deux types d'estimateurs pour les paramètres du modèle étudié. Le premier estimateur est supposé être l'estimateur sans biais et à variance minimale sous l'hypothèse nulle de spécification correcte du modèle (absence de corrélation). En revanche, sous l'hypothèse alternative d'erreur de spécification, cet estimateur est supposé biaisé. En revanche, le second estimateur, celui du modèle à effets fixes, est sans biais dans les deux cas. Le test de Hausman est un test de spécification qui permet de déterminer si les coefficients des deux estimations (fixe et aléatoire) sont statistiquement différents. Sous l'hypothèse nulle H0 d'orthogonalité entre les variables explicatives et le terme d'erreur du modèle à effets aléatoires, les deux estimateurs Within et GLS sont des estimateurs sans biais. Dans ce cas, il ne devrait pas y avoir de différence significative entre les estimations Within et GLS des différents coefficients. La méthode GLS est alors retenue : le modèle est à effets aléatoires.

Les hypothèses du test d'Hausman sont :

$$\begin{cases} H_0 : \hat{\beta}_{LSDV} - \hat{\beta}_{MCG} = 0 & \textit{modèle à effets fixes} \\ H_1 : \hat{\beta}_{LSDV} - \hat{\beta}_{MCG} \neq 0 & \textit{modèle à effets variables} \end{cases}$$

Nous calculons les statistiques

$$H = (\hat{\beta}_{LSDV} - \hat{\beta}_{MCG})'[Var(\hat{\beta}_{LSDV}) - Var(\hat{\beta}_{MCG})]^{-1}(\hat{\beta}_{LSDV} - \hat{\beta}_{MCG}) \quad (3.11)$$

La statistique H est distribuée selon un chi-deux avec k degrés de liberté.

Si $H > \chi^2(k)$ pour un seuil de α %, nous rejetons l'hypothèse nulle, l'estimateur LSDV(Within) étant sans biais. Nous rejetons donc la spécification à effets aléatoires et acceptons la spécification à effets individuels fixes.

Application avec Stata

Étape 1 : Estimer le modèle à effets fixes

xtreg y x1 x2, fe

Étape 2 : Mémoriser les résultats de l'estimation des effets fixes sous « fixed »

Estimates store fixed

Étape 3 : Estimer le modèle à effets aléatoires et exécuter le test de Hausman

```
. hausman fixed

                 ---- Coefficients ----
             |      (b)          (B)            (b-B)     sqrt(diag(V_b-V_B))
             |     fixed          .          Difference       Std. err.
-------------+----------------------------------------------------------------
          x1 |   -49.50377    -9.907704       -39.59606        13.70476
          x2 |    22.17142     21.70457        .4668498               .
------------------------------------------------------------------------------
                          b = Consistent under H0 and Ha; obtained from xtreg.
           B = Inconsistent under Ha, efficient under H0; obtained from xtreg.

Test of H0: Difference in coefficients not systematic

    chi2(2) = (b-B)'[(V_b-V_B)^(-1)](b-B)
            =   8.33
Prob > chi2 = 0.0155
(V_b-V_B is not positive definite)
```

Dans cet exemple l'hypothèse alternative celle de l'effets individuels fixes est acceptée avec une p-value 0.0155 < 5%.

3.2.2. Multiplicateur de Lagrange de Breusch-Pagan (ML) (MCO groupé contre effets fixes/aléatoires)

Les modèles de données de panel peuvent être estimés à l'aide de différentes techniques, selon les hypothèses d'hétérogénéité inobservée (effets spécifiques aux individus). Des tests spécifiques peuvent être effectués pour choisir entre les modèles MCO groupés, à effets fixes (EF) et à effets aléatoires (ER). En l'absence d'effets individuels ou temporels inobservés, les MCO groupés sont traités comme un ensemble de données unique, ignorant ces effets. Lorsque les effets inobservés sont corrélés aux variables indépendantes, un modèle à effets fixes permet de contrôler l'hétérogénéité inobservée en autorisant des interceptions spécifiques aux entités. Enfin, le modèle à effets aléatoires est utilisé lorsque les effets inobservés sont aléatoires et non corrélés aux variables indépendantes.

Méthode des MCO groupés** contre **effets aléatoires (RE)

$$H_0: variance\ des\ effets\ individuels\ est\ nulle\ \left(\sigma_\mu^2 = 0\right), \quad pooled\ MCO$$

$$H_0: variance\ des\ effets\ individuels\ est\ non\ nulle\ \left(\sigma_\mu^2 > 0\right), \quad effect\ aléatoire$$

Application avec Stata

xtreg Y X1 X2, re

xttest0

```
. xttest0

Breusch and Pagan Lagrangian multiplier test for random effects

        y[id,t] = Xb + u[id] + e[id,t]

        Estimated results:
                         |       Var     SD = sqrt(Var)
                ---------+-----------------------------
                       y |    1080482        1039.462
                       e |   913604.6        955.8266
                       u |   122149.4        349.4988

        Test: Var(u) = 0
                             chibar2(01) =    18.87
                          Prob > chibar2 =   0.0000
```

Les résultats de ce test montrent que le modèle présente des effets individuels aléatoires

Méthode des MCO groupés** contre **effets fixes (FE)

$H_0: absence\ d'effets\ individuels\ specifiques$, $pooled\ MCO$

$H_0: présence\ d'effets\ individuels\ specifiques$, $Effet\ fixe$

Application avec Stata

Estimation avec l'estimateur LSDV

xtreg et X1 X2, i.id

Tester la signification du coefficient des variables muettes individuelles

testparm d_entity*

```
. testparm d_entity*

 ( 1)  d_entity1 = 0
 ( 2)  d_entity2 = 0
 ( 3)  d_entity3 = 0
 ( 4)  d_entity4 = 0
 ( 5)  d_entity5 = 0
 ( 6)  d_entity7 = 0
 ( 7)  d_entity8 = 0
 ( 8)  d_entity9 = 0

       F(  8,   214) =    5.24
            Prob > F =    0.0000
```

La p-value est nulle montrant la significativité globale des du coefficient des variables muettes individuelles. Donc le modèle est celui à effets individuels fixes

3.2.3. Tests de diagnostic des données du panel

3.2.3.1. Test de normalité résiduelle

Le test de Jarque-Bera permet de déterminer si les résidus d'une régression linéaire suivent une distribution normale. Nous posons :

H_0 : les résidus suivent une distribution normale.

H_1 : les résidus ne suivent pas une distribution normale

$$JB = \frac{n-k}{6}\left(S^2 + \frac{(K-3)^2}{4}\right) \qquad (3.12)$$

Où

n : Nombre d'observations

k : Nombre de variables explicatives si les données proviennent des résidus d'une régression linéaire. Sinon, k=0.

S : Coefficient d'asymétrie : Moment du troisième ordre d'une variable centrée-réduite

K : Kurtosis : Moment d'ordre quatre d'une variable centrée-réduite

Le test de Jarque-Bera ne vérifie pas si les données suivent une distribution normale, mais plutôt si les coefficients d'aplatissement et d'asymétrie des données sont identiques à ceux d'une distribution normale, avec la même espérance et la même variance. On obtient donc :

H_O: $S = 0$ et $K = 3$
H_1: $S \neq 0$ et $K \neq 3$
Une distribution normale a un coefficient d'asymétrie = 0 et un coefficient de kurtosis = 3. Par conséquent, si les données suivent une distribution normale, le test approche alors 0 et nous acceptons Ho, à la valeur critique α.

Application avec Stata

Le résidu prédit provient d'un modèle estimé par xtreg..., fe ou xtreg..., re selon l'estimateur choisi. Choisissons le modèle à effets fixes à tester : Après application du modèle à effets fixes, nous récupérons les valeurs prédites du résidu.

Xtreg y x1 x2, fe

Predict resid

Sktest resid

```
. sktest resid

Skewness and kurtosis tests for normality
```

				Joint test	
Variable	Obs	Pr(skewness)	Pr(kurtosis)	Adj chi2(2)	Prob>chi2
resid	225	0.0000	0.0912	16.41	0.0003

Les résultats montrent que Pr(skewness) = 0,0000 indique que l'asymétrie est statistiquement significative, ce qui signifie que la distribution est asymétrique. Pr(kurtosis) = 0,0912 suggère que le kurtosis n'est pas statistiquement significatif au niveau de 5 %, indiquant une distribution de niveau normal. Le test conjoint :Adj chi2(2) = 16,41) , la valeur p (0,0003) est inférieure à 0,05, indiquant une preuve solide contre l'hypothèse nulle de normalité.

Nous pouvons également utiliser le test de normalité de Shapiro-Wilk (Shapiro et Wilk, 1965), un test statistique de normalité largement utilisé, particulièrement efficace pour les échantillons de petite à moyenne taille. Il évalue si un ensemble de données suit une distribution normale en comparant les données de l'échantillon à une distribution normale théorique.

H0 : Les données suivent une distribution normale.

H1 : Les données ne suivent pas une distribution normale.

```
. swilk resid

                   Shapiro-Wilk W test for normal data
```

Variable	Obs	W	V	z	Prob>z
resid	225	0.95001	8.266	4.888	0.00000

```
.
```

3.2.3.2. Test d'hétéroscédasticité

Le test de Breusch-Pagan, ou test du multiplicateur de Lagrange, permet de valider empiriquement le choix d'une structure d'erreur composée. Les hypothèses sont présentées comme suit :

$H_O{:}{\sigma^2}_\varepsilon = constant$

$H_1{:}\ {\sigma^2}_\varepsilon \neq constant$

Où ${\sigma^2}_\varepsilon$ désigne la variance d'erreur.

La statistique de test est basée sur les résidus estimés par la méthode des moindres carrés ordinaires. Elle se présente sous la forme suivante :

$$\mathrm{LM} = \frac{\mathrm{NT}}{2(\mathrm{T}-1)}\left[\frac{\sum_{i=1}^{N}\left[\sum_{t=1}^{Ti}\hat{\varepsilon}_{it}^2\right]^2}{\sum_{i=1}^{N}\sum_{t=1}^{Ti}\hat{\varepsilon}_{it}^2}\right]^2 \to \chi^2(1) \qquad (3.13)$$

Application avec Stata

Dans le cas de données de panel, le test d'hétéroscédasticité de Breush-Pagan est donné par la commande xttest0 après régression avec xtreg..., re sans option robuste

```
. xttest0

Breusch and Pagan Lagrangian multiplier test for random effects

        y[pays,t] = Xb + u[pays] + e[pays,t]

        Estimated results:
                         |       Var     SD = sqrt(Var)
                ---------+-----------------------------
                       y |    1080482       1039.462
                       e |   913604.6       955.8266
                       u |   122149.4       349.4988

        Test: Var(u) = 0
                             chibar2(01) =    18.87
                          Prob > chibar2 =   0.0000
```

Le test ci-dessus est spécifié pour le modèle à effets aléatoires. Les résultats montrent que les résidus sont hétéroscédastiques

Dans le cas d'un modèle à effets fixes, nous appliquons le test de Wald modifié où les hypothèses sont

H0 : Homoscédasticité : La variance des termes d'erreur est constante pour tous les individus.

H1 : Hétéroscédasticité : La variance des termes d'erreur varie selon les individus.

xttest3 calcule une statistique de Wald modifiée pour l'hétéroscédasticité par groupe dans les résidus d'une régression à effets fixes. Cette commande est utilisée après une régression avec xtreg......., fe

```
. xttest3

Modified Wald test for groupwise heteroskedasticity
in fixed effect regression model

H0: sigma(i)^2 = sigma^2 for all i

chi2 (9)  =        9744.49
Prob > chi2 =       0.0000
```

La valeur p étant inférieure à 0,05, nous rejetons l'hypothèse nulle d'homoscédasticité.
Il existe donc de solides preuves d'hétéroscédasticité dans les données de panel.

3.2.3.3. Tests de corrélation sérielle des résidus

La corrélation sérielle (également appelée autocorrélation) dans les données de panel se produit lorsque les termes d'erreur sont corrélés au fil du temps au sein d'un même individu ou d'une même entité. Elle viole l'hypothèse de résidus non corrélés, ce qui conduit à des erreurs types biaisées et à des estimateurs inefficaces, susceptibles de fausser les inférences statistiques.

Test de Wooldridge pour la corrélation sérielle

Le test de Wooldridge (1991) est conçu pour détecter la corrélation sérielle du premier ordre (AR(1)) dans les modèles de données de panel. Il repose sur l'idée qu'en l'absence de corrélation sérielle, les résidus en différence première ne devraient pas être corrélés à leurs valeurs retardées.

H0 : Aucune corrélation sérielle du premier ordre ($E(\varepsilon_{it}, \varepsilon_{it-1}) = 0$)

H1 : Il existe une corrélation sérielle du premier ordre ($E(\varepsilon_{it}, \varepsilon_{it-1}) \neq 0$)

Le test de Wooldridge est un **test F** dérivé du modèle transformé suivant :

$$y_{it} = \beta X_{it} + \varepsilon_{it}$$

$$\Delta\varepsilon_{it} = \rho\varepsilon_{it-1} + u_{it}$$

Où:

ε_{it} sont les termes d'erreur et ρ est le coefficient de corrélation ($\rho \neq 0$, une corrélation sérielle existe).

Le test utilise les résidus différenciés en premier d'une régression à effets fixes (FE) et examine s'ils sont corrélés avec leurs valeurs décalées.

Le test de Wooldridge est l'une des méthodes les plus fiables et les plus utilisées pour détecter une corrélation sérielle dans les données de panel. Si une corrélation sérielle est détectée, l'utilisation d'erreurs types robustes ou d'une estimation GLS garantit une inférence statistique valide.

Application avec Stata

Avec Stata, nous utilisons la commande xtserial et nous tapons xtserial y x1 x2 x3

```
. xtserial y x1 x2

Wooldridge test for autocorrelation in panel data
H0: no first-order autocorrelation
    F(  1,        8) =      3.295
           Prob > F =      0.1070
```

Les résultats ci-dessus montrent que la valeur p est supérieure à 5 %, ce qui indique que le modèle estimé ne présente pas de corrélation sérielle.

3.3.Modèle de panel dynamique

Les estimateurs usuels sont généralement non convergents, sauf dans quelques cas particuliers. Leurs propriétés dans les modèles de panel dynamiques diffèrent de celles des estimateurs des modèles statiques.

Un modèle dynamique est un modèle dans lequel un ou plusieurs retards de la variable dépendante apparaissent comme variables explicatives. Contrairement aux à la méthode GMM (méthode des moments généralisée) de panel dynamique, les techniques économétriques standard telles que les MCO ne permettent pas d'obtenir des estimations non biaisées d'un tel modèle, en raison de la présence de la variable dépendante retardée à droite de l'équation. Il en résulte des estimations biaisées. La méthode GMM repose sur les conditions d'orthogonalité entre les variables retardées et le terme d'erreur, tant en différences premières qu'en niveau. Lorsque le modèle dynamique est exprimé en différences premières, les instruments sont en niveau, et inversement. Dans le modèle à estimer, l'utilisation des variables retardées comme instruments diffère selon la nature des variables explicatives :

(a) Pour les variables exogènes, leurs valeurs actuelles sont utilisées comme instruments.

(b) Pour les variables prédéterminées ou faiblement exogènes (variables qui peuvent être influencées par les valeurs passées de la variable dépendante, mais qui restent non corrélées avec les réalisations futures du terme d'erreur), leurs valeurs retardées, d'au moins une période, peuvent être utilisées comme instruments.

(c) Pour les variables endogènes, leurs valeurs décalées de deux périodes ou plus peuvent être des instruments valables.

La validité des instruments sélectionnés peut être confirmée ou infirmée à l'aide des tests de Hansen et Sargan. Il existe deux variantes d'estimateurs GMM de panel dynamique : l'estimateur GMM en différence première et l'estimateur GMM en système.

3.3.1. Méthode d'estimation GMM :

3.3.1.1. GMM en différence première

L'estimateur GMM en différence première d'Arellano et Bond (1991) consiste à prendre pour chaque période la différence première de l'équation à estimer afin d'éliminer les effets spécifiques individuels. On obtient

$$\Delta y_{i,t} = \beta \Delta y_{i,t-1} + \varphi \Delta x_{i,t} + \Delta \varepsilon_{i,t} \qquad (3.14)$$

L'étape suivante consiste à instrumenter la variable endogène retardée par ses valeurs passées de 2 périodes ou plus. Cependant, cette méthode ne permet pas d'identifier l'effet des facteurs invariants dans le temps. De plus, Blundel et Bond (1998) ont montré, à l'aide de simulations de Monte-Carlo, que l'estimateur GMM système est plus performant que l'estimateur en différence première, ce dernier donnant des résultats biaisés sur des échantillons finis lorsque les instruments sont faibles.

3.3.1.2. GMM en Système

L'estimateur GMM en système de Blundel et Bond (1998) combine les équations en différences premières avec les équations en niveaux. Les instruments de l'équation en différences premières sont exprimés en niveaux, et inversement.

$$\begin{cases} \Delta y_{i,t} = \beta \Delta y_{i,t-1} + \varphi \Delta x_{i,t} + \Delta v_i + \Delta \varepsilon_{i,t} \\ y_{i,t} = \beta y_{i,t-1} + \varphi x_{i,t} + v_i + \varepsilon_{i,t} \end{cases} \qquad (3.15)$$

3.3.1.3. Diagnostic des modèles de données de panel dynamiques

Les modèles de panel dynamiques souffrent souvent d'endogénéité, car la variable dépendante retardée $(y_{i,t-1})$ est corrélée aux effets non observés spécifiques à l'entité. De plus, certaines variables indépendantes peuvent être endogènes (corrélées au terme d'erreur). De plus, la corrélation sérielle des termes d'erreur peut ne pas valider les instruments utilisés dans l'estimation par la Méthode des Moments Généralisée (GMM). Les instruments doivent donc être valides (non corrélés au terme d'erreur) et pertinents (fortement corrélés aux variables endogènes).

3.3.1.3.1. Test d'autocorrélation d'Arellano-Bond

Tests de corrélation sérielle dans les termes d'erreur d'un modèle de panel dynamique.

$$\text{AR}(1): \begin{cases} \text{H}_0\text{: Absence de corrélation serielle d'ordre1} \\ \text{H}_1\text{: presence de correlation sérielle d'ordre1} \end{cases}$$

$$\text{AR}(2): \begin{cases} \text{H}_0\text{: Absence de corrélation serielle d'ordre2} \\ \text{H}_1\text{: presence de correlation sérielle d'ordre2} \end{cases}$$

Le test d'autocorrélation d'Arellano-Bond pour AR(1) devrait être significatif. En revanche, le test pour AR(2) devrait être non significatif si le modèle est correctement spécifié.

3.3.1.3.2. Test de Hansen et Sargan pour les restrictions sur-identification

Hansen et Sargan_testent la validité des instruments dans l'estimation GMM

H_0: les instruments sont valides (non corrélées avec le term d'erreur)

Une valeur p significative indique des instruments non valides.

3.3.1.4. Estimation du modèle de panel dynamique

Nous nous intéressons à l'estimation des paramètres de modèles de la forme suivante :

$$y_{i,t} = \beta y_{i,t-1} + \varphi x_{i,t} + v_i + \varepsilon_{i,t} \qquad (3.16)$$

pour i = { 1 , . . . , N } et t = { 1 , . . . , T } en utilisant des ensembles de données avec un grand N et un T fixe. Par construction, yit−1 est corrélé à l'effet non observé au niveau individuel v_i. La suppression $v_i$par la transformation intra (suppression des moyennes au niveau du panel) produit un estimateur incohérent avec T fixe. Première différence des deux côtés et recherche des estimateurs des variables instrumentales (IV) et de la méthode des moments généralisée (GMM).

Ensuite, en différenciant d'abord l'équation du modèle, on obtient

$$\Delta y_{i,t} = \beta \Delta y_{i,t-1} + \varphi \Delta x_{i,t} + \Delta \varepsilon_{i,t} \qquad (3.17)$$

Les $v_i$sont partis, mais $y_{i,t-1}$dedans $\Delta y_{i,t-1}$est une fonction de $\varepsilon_{i,t-1}$ qui est également dans $\Delta\varepsilon_{i,t}$. Alors, $\beta\Delta y_{i,t-1}$est corrélé à $\Delta\varepsilon_{i,t-1}$. Dans ce cas, Anderson et Hsiao (1981) ont suggéré un estimateur 2SLS basé sur des décalages supplémentaires de $\Delta y_{i,t}$ comme instruments pour $y_{i,t-1}$. Par exemple, si $\varepsilon_{i,t}$ est IID sur i et t, $y_{i,t-1}$ serait un instrument valide pour $\Delta y_{i,t-1}$. De plus, Anderson et Hsiao (1981) ont suggéré un estimateur 2SLS basé sur des niveaux décalés de $\Delta y_{i,t}$ comme instruments pour $\Delta y_{i,t-1}$.Même ce qui précède, si $\varepsilon_{i,t}$ est IID sur i et t, $y_{i,t-2}$serait un instrument valide pour $\Delta y_{i,t-1}$.

Holtz-Eakin et al. (1988) et Arellano et Bond (1991) ont montré comment construire des estimateurs basés sur des équations de moment construites à partir de niveaux de décalage supplémentaires $y_{i,t}$ et les erreurs en différences premières. Ils créent des conditions de moment en utilisant les niveaux retardés de la variable dépendante avec les différences premières des erreurs $\varepsilon_{i,t}$. Les différences premières de variables exogènes sont également utilisées pour créer des conditions de moment. Ils supposent également que $\varepsilon_{i,t}$sont IID sur i et t, i (absence de corrélation sérielle dans les erreurs). Dans ce cas, ils disposent de plus d'instruments que de paramètres ; pour cela, ils utilisent le cadre GMM.

Pour l'exogénéité, si les régresseurs sont strictement exogènes, $\varepsilon_{i,t}$ ne peuvent pas affecter $x_{i,k}$ pour k ou t. Si les régresseurs sont prédéterminés, $\varepsilon_{i,t}$ peuvent affecter $x_{i,k}$pour s > t.

Les estimateurs de données de panel dynamiques permettent d'utiliser des régresseurs prédéterminés. De plus, une exogénéité stricte exclut toute rétroaction du choc idiosyncratique à l'instant t sur un régresseur à l'instant s > t.

3.3.1.4.1. L'estimateur d'Arellano-Bond

Les conditions de moment formées en supposant que certains niveaux retardés de la variable dépendante sont orthogonaux aux perturbations différenciées sont appelées conditions de moment de type GMM. On les appelle parfois conditions de moment séquentielles. De même, les conditions de moment formées à l'aide de variables strictement exogènes sont simplement des conditions de moment IV standard ; on les appelle donc conditions de moment standard.

Les estimateurs de données de panel dynamiques indiquent quelles transformations de quelles variables ont été utilisées comme instruments.

Dans les estimateurs GMM, nous pondérons le vecteur des conditions de moment moyennes de l'échantillon par l'inverse d'une matrice définie positive. Lorsque cette matrice est la matrice de covariance des conditions de moment, nous disposons d'un estimateur GMM efficace. Dans le cas de perturbations non identiquement distribuées, nous pouvons utiliser un estimateur GMM en deux étapes qui estime la matrice de covariance des conditions de moment à l'aide des résidus de la première étape.

Application avec Stata

avec Stata pour exécuter l'estimateur Arellano-bond, nous utilisons la commande xtabond

xtabond depvar indepvars [si] [dans] , [, options].

```
. xtabond  y x1 x2, nocons

Arellano-Bond dynamic panel-data estimation     Number of obs      =        207
Group variable: pays                            Number of groups   =          9
Time variable: anne

                                                Obs per group:
                                                              min =         23
                                                              avg =         23
                                                              max =         23

Number of instruments =     173                 Wald chi2(3)       =      12.38
                                                Prob > chi2        =     0.0062
One-step results
------------------------------------------------------------------------------
           y | Coefficient  Std. err.      z    P>|z|     [95% conf. interval]
-------------+----------------------------------------------------------------
           y |
         L1. |  -.0186429    .061654    -0.30   0.762    -.1394825    .1021968
             |
          x1 |  -34.52709   29.87017    -1.16   0.248    -93.07154    24.01736
          x2 |   40.68002   12.14931     3.35   0.001      16.8678    64.49223
------------------------------------------------------------------------------
Instruments for differenced equation
        GMM-type: L(2/.).y
        Standard: D.x1 D.x2
```

X1 et x2 sont modélisés comme strictement exogènes et contribuent chacun à 1 instrument. Les 171 instruments restants proviennent des p – 2 instruments disponibles dans les périodes p = 3, 4, 5, 6, 7, …

À la période 3, yi1 est un instrument valable pour Δyi3, et à la période 4, yi1 et yi2 sont des instruments valables pour Δyi4. De même, à la période 5, yi1, yi2 et yi3 sont des instruments valables pour Δyi5, et ainsi de suite.

Ainsi, dans un modèle avec un décalage de la variable dépendante, k variables strictement exogènes et $p = T - 2$ périodes à partir desquelles les équations de moment sont calculées, il existe $k + p * (p + 1)/2$ conditions de moment. $2 + 23 * 24/2 = 278$ pour l'exemple ci-dessus, mais elles sont réduites.

Pour vérifier la validité des instruments et la présence de corrélation sérielle, nous utilisons respectivement les commandes Stata estat sargan et estat abond.

Estat Sargan pour obtenir le test de Sargan de l'hypothèse nulle selon laquelle le modèle et les conditions de sur-identification sont correctement spécifiés. D'autre part, estat Abond pour obtenir le test d'Arellano-Bond selon lequel il n'existe aucune corrélation sérielle dans les perturbations en différence première.

```
. estat abond

Arellano-Bond test for zero autocorrelation in first-differenced errors
H0: No autocorrelation

Order          z   Prob > z
---------------------------
    1   -6.0513     0.0000
    2   -.8267      0.4084
---------------------------

. estat sargan
Sargan test of overidentifying restrictions
H0: Overidentifying restrictions are valid

        chi2(170)     =  114.6449
        Prob > chi2   =    0.9996
```

Les résultats des tests ci-dessus montrent qu'aucune autocorrélation problématique n'est observée et que les instruments utilisés dans le modèle sont valides. Le modèle semble donc correctement spécifié.

Nous pouvons également obtenir l'estimateur en deux étapes en ajoutant l'option « twostep » dans la commande xtabond

```
. xtabond  y x1 x2, nocons twostep

Arellano-Bond dynamic panel-data estimation     Number of obs      =        207
Group variable: pays                            Number of groups   =          9
Time variable: anne
                                                Obs per group:
                                                             min =         23
                                                             avg =         23
                                                             max =         23

Number of instruments =     173                 Wald chi2(3)       =     270.86
                                                Prob > chi2        =     0.0000
Two-step results
------------------------------------------------------------------------------
           y | Coefficient  Std. err.      z    P>|z|     [95% conf. interval]
-------------+----------------------------------------------------------------
           y |
         L1. |  -.1971155   .1381693    -1.43   0.154    -.4679222    .0736913
             |
          x1 |   18.01339   36.51157     0.49   0.622    -53.54798    89.57476
          x2 |   31.29234   7.113006     4.40   0.000     17.35111    45.23358
------------------------------------------------------------------------------
Warning: gmm two-step standard errors are biased; robust standard
         errors are recommended.
Instruments for differenced equation
        GMM-type: L(2/.).y
        Standard: D.x1 D.x2
```

Nous pouvons estimer l'estimateur GMM en deux étapes avec des erreurs types robustes. Pour cela, nous spécifions que vce(robuste) produit une estimation VCE robuste à l'hétéroscédasticité.

Il existe un résultat dans la théorie des grands échantillons pour GMM qui stipule que le VCE de l'estimateur en deux étapes ne dépend pas du fait qu'il utilise les résidus de la première étape. Pour certains problèmes, des études de simulation ont montré que l'IID et les estimateurs robustes à grand échantillon du VCE de l'estimateur GMM en deux étapes présentent de grands biais d'échantillon fini. Ces biais d'échantillon fini provoquent de grandes différences entre la taille et les taux de rejet des tests de Wald (Windmeijer (2008)) dérive une estimation de ce biais d'échantillon fini et l'utilise pour corriger le biais de l'estimateur robuste du VCE de l'estimateur GMM en deux étapes.

```
. xtabond  y x1 x2, nocons twostep vce (robust)

Arellano-Bond dynamic panel-data estimation     Number of obs     =        207
Group variable: pays                            Number of groups  =          9
Time variable: anne
                                                Obs per group:
                                                              min =         23
                                                              avg =         23
                                                              max =         23

Number of instruments =    173                  Wald chi2(3)      =       7.47
                                                Prob > chi2       =     0.0584
Two-step results
                                     (Std. err. adjusted for clustering on pays)

------------------------------------------------------------------------------
             |              WC-robust
           y | Coefficient  std. err.      z    P>|z|     [95% conf. interval]
-------------+----------------------------------------------------------------
           y |
         L1. |  -.1971155   .2275787    -0.87   0.386    -.6431615    .2489306
             |
          x1 |   18.01339   77.15199     0.23   0.815    -133.2017    169.2285
          x2 |   31.29234   17.93117     1.75   0.081    -3.852105    66.43679
------------------------------------------------------------------------------
Instruments for differenced equation
        GMM-type: L(2/.).y
        Standard: D.x1 D.x2
```

```
. estat sargan
Sargan test of overidentifying restrictions
H0: Overidentifying restrictions are valid
        cannot calculate Sargan test with vce(robust)

        chi2(170)    =         .
        Prob > chi2  =         .

. estat abond

Arellano-Bond test for zero autocorrelation in first-differenced errors
H0: No autocorrelation

Order         z   Prob > z
--------------------------
    1  -.48013      0.6311
    2  -1.1142      0.2652
--------------------------
```

La distribution du test de Sargan n'est pas connue lorsque les perturbations sont hétéroscédastiques ; l'état de Sargan n'est donc pas disponible après spécification de vce(robuste). Une version robuste du test d'Arellano-Bond pour la corrélation sérielle est produite après spécification de vce(robuste).

Jusqu'à présent, nous avons supposé que les variables x_{it} étaient strictement exogènes ($E(x_{is}, \varepsilon_{it}) = 0\, pour\ tout\ s\ et\ t$). Si, au contraire, nous avons $E(x_{is}, \varepsilon_{it}) = 0,\ pour\ s < t$ mais autorisons $E(x_{is}, \varepsilon_{it}) \neq 0, pour\ s > t$, les variables sont dites prédéterminées. Nous supposons que y aujourd'hui a provoqué une augmentation de x2 demain. Lorsque les variables sont prédéterminées, cela signifie que nous ne pouvons pas inclure l'intégralité du vecteur des différences de observées x_{it}dans la matrice des instruments. Nous incluons simplement les niveaux de x_{it} pour les périodes qui sont supposées sans rapport avec $\Delta\varepsilon_{it}$.

```
. xtabond  y x1 x2, nocons twostep vce (robust) pre(x2)
note: x2 omitted because of collinearity.

Arellano-Bond dynamic panel-data estimation     Number of obs      =       207
Group variable: pays                            Number of groups   =         9
Time variable: anne
                                                Obs per group:
                                                              min =         23
                                                              avg =         23
                                                              max =         23

Number of instruments =    197                  Wald chi2(3)       =      3.29
                                                Prob > chi2        =    0.3497
Two-step results
                                       (Std. err. adjusted for clustering on pays)

------------------------------------------------------------------------------
             |              WC-robust
           y | Coefficient  std. err.      z    P>|z|     [95% conf. interval]
-------------+----------------------------------------------------------------
           y |
         L1. |  -.3584231   .3023873    -1.19   0.236    -.9510913     .234245
             |
          x2 |    26.2465   16.32997     1.61   0.108    -5.759663    58.25266
          x1 |   40.32922   64.87123     0.62   0.534    -86.81605    167.4745
------------------------------------------------------------------------------
Instruments for differenced equation
        GMM-type: L(2/.).y L(1/.).x2
        Standard: D.x1 D.x2
```

3.3.1.4.2. Estimateur Arellano-Bover/Blundell-Bond

L'estimateur d'Arellano-Bond a formé des conditions de moment en utilisant les niveaux retardés de la variable dépendante et les variables prédéterminées avec les différences premières des perturbations. Arellano et Bover (1995) et Blundell et Bond (1998) ont constaté que si le processus autorégressif est trop persistant, les niveaux retardés sont des instruments faibles. Ils ont proposé d'utiliser des conditions de moment supplémentaires dans lesquelles les différences retardées de la variable dépendante sont orthogonales aux niveaux des perturbations. Pour obtenir ces conditions de moment supplémentaires, ils ont supposé que l'effet au niveau du panel n'était pas lié à la première différence première observable de la variable dépendante.

Pour obtenir l'estimateur GMM d'Arellano-Bover/Blundell-Bond, nous utilisons xtdpdsys pour estimer les paramètres. L'estimateur d'Arellano-Bover/Blundell-Bond a la même syntaxe que xtabond.

```
. xtdpdsys  y x1 x2, twostep vce (robust) pre(x1)
note: x1 omitted because of collinearity.

System dynamic panel-data estimation           Number of obs     =        216
Group variable: pays                           Number of groups  =          9
Time variable: anne
                                               Obs per group:
                                                             min =         24
                                                             avg =         24
                                                             max =         24

Number of instruments =    245                 Wald chi2(3)      =       1.27
                                               Prob > chi2       =     0.7365
Two-step results
------------------------------------------------------------------------------
             |              WC-robust
           y | Coefficient  std. err.      z    P>|z|     [95% conf. interval]
-------------+----------------------------------------------------------------
           y |
         L1. |   .1587787   .2894724     0.55   0.583    -.4085768    .7261342
             |
          x1 |   -19.9317   149.6943    -0.13   0.894    -313.3271    273.4637
          x2 |   28.15353   57.36287     0.49   0.624    -84.27563    140.5827
       _cons |   352.0365   740.7238     0.48   0.635    -1099.755    1803.829
------------------------------------------------------------------------------
Instruments for differenced equation
        GMM-type: L(2/.).y L(1/.).x1
        Standard: D.x1 D.x2
Instruments for level equation
        GMM-type: LD.y D.x1
        Standard: _cons
```

xtabond et **xtdpdsys** déterminent les instruments à créer en supposant l'absence de corrélation sérielle avec le modèle spécifié. **xtabond** et **xtdpdsys** permettent de limiter le nombre de décalages utilisés comme instruments. Pour estimer les paramètres d'un modèle dans des conditions plus faibles, nous devons créer nous-mêmes les instruments. Dans ce cas, nous utilisons **xtdpd**, dont la syntaxe est plus complexe et offre plus de flexibilité.

L'exemple suivant utilise **xtdpd** pour produire les mêmes estimations en utilisant **xtdpdsys**

```
. xtdpd L(0/1).y x1 x2, dgmmiv(y ) dgmmiv(x2, lag(1 .)) lgmmiv(y) lgmmiv(x2, lag(0)) div(x1) twostep vce(rob

Dynamic panel-data estimation                  Number of obs      =       216
Group variable: pays                           Number of groups   =         9
Time variable: anne

                                               Obs per group:
                                                             min =        24
                                                             avg =        24
                                                             max =        24

Number of instruments =    244                 Wald chi2(3)       =      6.54
                                               Prob > chi2        =    0.0879
Two-step results
                                        (Std. err. adjusted for clustering on pays)
```

y	Coefficient	WC-robust std. err.	z	P>|z|	[95% conf. interval]	
y						
L1.	.0037008	.308279	0.01	0.990	-.6005151	.6079166
x1	22.98482	151.0859	0.15	0.879	-273.1381	319.1077
x2	40.95711	40.4958	1.01	0.312	-38.4132	120.3274
_cons	256.8283	834.1381	0.31	0.758	-1378.052	1891.709

La flexibilité de xtdpd permet d'estimer les paramètres de modèles que xtabond et xtdpdsys ne peuvent pas estimer. Cependant, xtabond2 (Advanced GMM Estimation with More Options) est une version améliorée et plus flexible de xtdpd. Il s'agit d'une commande externe développée par Roodman (2009) et qui doit être installée (ssc install xtabond2).

3.3.1.5. La commande Stata xtabond2

Cette commande (xtabond2) implémente à la fois le GMM en différence première (Arellano-Bond, 1991) et le GMM en système (Blundell-Bond, 1998). Elle offre un meilleur contrôle de la sélection des instruments (par exemple, l'option collapse pour réduire le sur-apprentissage). De plus, elle prend en charge le test de Hansen pour la validité des instruments et le test de différence de Hansen. De plus, xtabond2 permet de spécifier plus explicitement le style GMM et le style IV des variables instrumentales. Ainsi, elle gère l'hétéroscédasticité et l'autocorrélation de manière plus robuste.

Enfin, elle permet une estimation en deux étapes avec les erreurs types robustes de Windmeijer et contrôle le nombre excessif d'instruments grâce à l'option **Collapse.**

Pour estimer l'estimateur d'Arellano-Bond, nous exécutons la commande suivante

xtabond2 y ly x1 x2,gmm(l(2/5).(l.y), collapse) iv(x1 x2) nolevel

- Variable dépendante (y) : la variable de résultat que vous souhaitez modéliser.
- Variable dépendante retardée (ly) : Premier retard de la variable dépendante ($y_{i,t-1}$) inclus comme régresseur. Cela crée l'aspect dynamique du modèle.
- Variables indépendantes (x1, x2) : Variables explicatives du modèle.
- gmm(l(2/5).(L.y), collapse) : Spécifie quelles variables sont traitées comme endogènes et comment leurs instruments sont construits.
    - L(1/5).(l.y) signifie que de deuxième au cinquième retards et les décalages les plus profonds de l.y, sont utilisés comme instruments.
    - Des retards de 1 à 5 et au-delà sont nécessaires pour éviter toute corrélation avec le terme d'erreur (en raison de l'endogénéité de $y_{i,t-1}$).
    - Collapse : Réduit le nombre d'instruments en réduisant la matrice d'instruments. Ceci est important pour éviter le problème de prolifération d'instruments, qui peut affaiblir le test de Hansen en cas de sur-identification.
- iv(x1 x2) : Instruments : Spécifie les variables strictement exogènes (non corrélées avec le terme d'erreur).
    - x1 x2 est inclus comme instrument dans les niveaux, en supposant qu'il n'est pas corrélé avec le terme d'erreur.
    - Si votre structure de données ou vos variables nécessitent des instruments différents, remplacez xt par les variables appropriées.

```
Dynamic panel-data estimation, one-step difference GMM
------------------------------------------------------------------------------
Group variable: pays                          Number of obs      =        207
Time variable : anne                          Number of groups   =          9
Number of instruments = 23                    Obs per group: min =         23
Wald chi2(3)    =     11.45                                  avg =      23.00
Prob > chi2     =     0.010                                  max =         23
------------------------------------------------------------------------------
           y | Coefficient  Std. err.      z    P>|z|     [95% conf. interval]
-------------+----------------------------------------------------------------
           y |
         L1. |   -.018212   .2863313    -0.06   0.949     -.579411     .542987
             |
          x1 |  -31.95451   46.69013    -0.68   0.494    -123.4655    59.55646
          x2 |   49.14152   16.46666     2.98   0.003     16.86746    81.41558
------------------------------------------------------------------------------
Instruments for first differences equation
  Standard
    D.(x1 x2)
  GMM-type (missing=0, separate instruments for each period unless collapsed)
    L(1/24).(L3.y L4.y L5.y L6.y) collapsed
------------------------------------------------------------------------------
Arellano-Bond test for AR(1) in first differences: z =  -1.07  Pr > z =  0.284
Arellano-Bond test for AR(2) in first differences: z =  -0.55  Pr > z =  0.586
------------------------------------------------------------------------------
Sargan test of overid. restrictions: chi2(20)    =  11.85  Prob > chi2 =  0.921
  (Not robust, but not weakened by many instruments.)

Difference-in-Sargan tests of exogeneity of instrument subsets:
  iv(x1 x2)
    Sargan test excluding group:     chi2(18)    =   9.52  Prob > chi2 =  0.947
    Difference (null H = exogenous): chi2(2)     =   2.33  Prob > chi2 =  0.312
```

Pour estimer le GMM du système, nous exécutons la même commande sans nolevel

```
Dynamic panel-data estimation, one-step system GMM

Group variable: pays                        Number of obs      =       216
Time variable : anne                        Number of groups   =         9
Number of instruments = 28                  Obs per group: min =        24
Wald chi2(3)  =     107.31                                avg =     24.00
Prob > chi2   =      0.000                                max =        24
```

y	Coefficient	Std. err.	z	P>|z|	[95% conf.	interval]
y						
L1.	-.1893305	.2356272	-0.80	0.422	-.6511512	.2724902
x1	32.21579	12.53268	2.57	0.010	7.652193	56.7794
x2	45.52544	12.58982	3.62	0.000	20.84984	70.20103
_cons	82.54191	116.5095	0.71	0.479	-145.8125	310.8963

```
Instruments for first differences equation
  Standard
    D.(x1 x2)
  GMM-type (missing=0, separate instruments for each period unless collapsed)
    L(1/24).(L3.y L4.y L5.y L6.y) collapsed
Instruments for levels equation
  Standard
    x1 x2
    _cons
  GMM-type (missing=0, separate instruments for each period unless collapsed)
    D.(L3.y L4.y L5.y L6.y) collapsed
------------------------------------------------------------------------------
Arellano-Bond test for AR(1) in first differences: z =  -0.83  Pr > z =  0.407
Arellano-Bond test for AR(2) in first differences: z =  -0.91  Pr > z =  0.361
------------------------------------------------------------------------------
Sargan test of overid. restrictions: chi2(24)   =  22.51  Prob > chi2 =  0.549
  (Not robust, but not weakened by many instruments.)

Difference-in-Sargan tests of exogeneity of instrument subsets:
  GMM instruments for levels
    Sargan test excluding group:     chi2(20)   =  13.99  Prob > chi2 =  0.831
    Difference (null H = exogenous): chi2(4)    =   8.51  Prob > chi2 =  0.075
  iv(x1 x2)
    Sargan test excluding group:     chi2(22)   =  19.09  Prob > chi2 =  0.640
    Difference (null H = exogenous): chi2(2)    =   3.41  Prob > chi2 =  0.181
```

3.4. Modèle de panel ARDL

Un modèle de panel autorégressif à retards échelonnés (ARDL) est une approche économétrique courante pour analyser les relations dynamiques entre variables dans un contexte de données de panel. Elle est particulièrement utile lorsque vous suspectez des relations à court et à long terme entre vos variables. Le modèle ARDL (Panel Auto Regressive Distributed Lag) ou la technique du groupe de moyennes groupées (pooled mean group (PMG)) pour l'analyse de panels dynamiques non stationnaires a été proposée par Pesaran et Smith (1995) et Pesaran et al. (1999). Le PMG, utilise à la fois la méthode la moyenne et celle du groupe de moyennes, est considéré comme un estimateur intermédiaire entre les effets fixes dynamiques (DFE) et le groupe de moyennes (MG). Le PMG présente l'avantage, par rapport au modèle des moindres carrés ordinaires dynamiques, de permettre des différences de spécification dynamique à court terme entre les coupes transversales, tandis que les coefficients à long terme sont contraints à rester identiques. Par conséquent, le modèle ARDL/PMG de panel est utilisé pour étudier la dynamique hétérogène entre les sections transversales, ainsi que pour estimer les relations à court et à long terme entre les variables. Ainsi, le modèle ARDL/PMG peut être spécifié comme suit :

$$y_{i,t} = \alpha_i + \sum_{p=1}^{P} \phi_p y_{i,t-p} \sum_{q=1}^{Q} \beta_q x_{i,t-q} + \varepsilon_{i,t} \qquad (3.18)$$

Où

y_{it}: La variable dépendante de l'entité i à l'instant t

$x_{i,tiq}$: Variable(s) explicative(s) décalée(s) de q périodes

α_i: Effets fixes spécifiques à l'entité

ϕ_p: Coefficients des variables dépendantes décalées

β_q: Coefficients des variables explicatives actuelles et retardées

ε_{it}: Terme d'erreur

3.4.1. Estimateur du groupe moyen groupé (PMG)

L'estimateur PMG décompose le modèle en une dynamique à court terme, qui peut varier selon les entités, et en une relation d'équilibre à long terme, qui est contrainte d'être la même selon les entités.

L'estimateur PMG est souvent appliqué dans un cadre de modèle de correction d'erreur (ECM) :

$$\Delta y_{i,t} = \gamma\left(+y_{i,t-1} - \theta x_{i,t-1}\right) + \sum_{p=1}^{P} \phi_p \Delta y_{i,t-p} \sum_{q=1}^{Q} \beta_q \Delta x_{i,t-q} + \varepsilon_{i,t} \qquad (3.19)$$

Où

γ: Terme de correction d'erreur (vitesse d'ajustement à l'équilibre à long terme).

θ: Coefficients à long terme (homogènes entre les entités).

ϕ_p *and* β_q : Coefficients à court terme (hétérogènes selon les entités)

Application avec Stata

Pour estimer un modèle PMG avec Stata, nous utilisons la commande **xtpmg.**

xtpmg depvar indepvars, lr(varlist) ec(ecname) pmg

depvar : variable dépendante.

indepvars : Variables indépendantes (inclure les décalages si nécessaire).

lr(varlist) : variables à inclure dans la relation à long terme.

ec(ecname) : enregistre le terme de correction d'erreur dans une nouvelle variable.

pmg : Spécifie l'estimateur PMG (la valeur par défaut est MG).

```
. xtpmg y  x1 x2, lr(l.y l.x1 l.x2) ec(ecm2) pmg
```

```
Pooled Mean Group Regression
(Estimate results saved as pmg)

Panel Variable (i): id                          Number of obs      =        225
Time Variable (t): time                         Number of groups   =          9
                                                Obs per group: min =         25
                                                               avg =       25.0
                                                               max =         25

                                                Log Likelihood     = -1526.999

------------------------------------------------------------------------------
           y | Coefficient  Std. err.      z    P>|z|     [95% conf. interval]
-------------+----------------------------------------------------------------
ecm2         |
          x1 |
         L1. |  -122.2802   198.9502    -0.61   0.539    -512.2155    267.6551
             |
          x2 |
         L1. |   1849.382   425.4272     4.35   0.000      1015.56    2683.204
-------------+----------------------------------------------------------------
SR           |
        ecm2 |  -.0276307   .0406698    -0.68   0.497    -.1073421    .0520808
          x1 |  -56.60542   27.37448    -2.07   0.039    -110.2584   -2.952424
          x2 |  -11.19625   43.23975    -0.26   0.796    -95.94462    73.55211
       _cons |   859.4111   360.2673     2.39   0.017     153.3002    1565.522
------------------------------------------------------------------------------
```

3.4.2. Estimateur du groupe moyen (MG)

L'estimateur du groupe moyen (MG), proposé par Pesaran et Smith (1995), est une méthode utilisée pour estimer les modèles de données de panel, notamment dans le contexte de modèles dynamiques ou de panels hétérogènes. Contrairement à l'estimateur PMG, l'estimateur MG permet une hétérogénéité totale des intercepts, des coefficients de pente et des variances d'erreur entre les unités transversales.

L'estimateur MG est adapté lorsque, premièrement, les unités transversales (pays, entreprises, etc.) sont censées présenter une hétérogénéité de leurs coefficients de pente. Deuxièmement, en présence de données de panel dynamiques, notamment pour l'estimation de relations à court et à long terme. Enfin, l'hypothèse de relations homogènes à long terme (utilisée dans PMG) n'est pas valide.

Application avec Stata

```
. xtpmg y x1 x2, lr(l.y l.x1 l.x2) ec(ec) mg
```

```
Mean Group Estimation: Error Correction Form
(Estimate results saved as mg)
```

y	Coef.	Std. Err.	z	P>|z|	[95% Conf.	Interval]
ec						
x1						
L1.	-270.3283	118.5053	-2.28	0.023	-502.5944	-38.06214
x2						
L1.	82.50013	232.4901	0.35	0.723	-373.1721	538.1724
SR						
ec	.0156858	.1156548	0.14	0.892	-.2109934	.242365
x1	-67.62542	35.96897	-1.88	0.060	-138.1233	2.872454
x2	-7.139826	44.84954	-0.16	0.874	-95.0433	80.76365
_cons	813.9252	372.904	2.18	0.029	83.04685	1544.804

3.4.3. Estimateur à effets fixes dynamiques (DFE)

L'estimateur DFE est une méthode utilisée pour estimer les modèles de données de panel, en particulier les modèles de panel dynamiques comme modèle ARDL. Il suppose que la dynamique à court terme et les coefficients à long terme sont homogènes dans toutes les unités transversales, mais il tient compte des effets fixes transversaux (hétérogénéité des intercepts).

L'estimateur DFE est utilisé lorsque : (i) Les coefficients de pente (à court et à long terme) sont homogènes entre les unités transversales. (ii) Les unités transversales ont des intercepts uniques (effets fixes). (iii) La dimension temporelle (T) est grande par rapport au nombre d'unités transversales (N).

L'estimateur DFE, comme l'estimateur PMG, impose l'égalité des coefficients du vecteur de cointégration pour tous les panels. Le modèle FE impose également l'égalité du coefficient de vitesse d'ajustement et des coefficients à court terme. xtpmg, avec l'option dfe, ajuste le modèle de (3.18) tout en autorisant les intercepts spécifiques au panel. L'option cluster() permet de prendre en compte la corrélation intra-groupe dans le calcul des ecartypes.

Application avec Stata

```
. xtpmg y  x1 x2, lr(l.y l.x1 l.x2) ec(ec) dfe cluster(id)
```

```
Standard errors adjusted with cluster(id) option.

Dynamic Fixed Effects Regression: Estimated Error Correction Form
(Estimate results saved as DFE)
```

	Coefficient	Std. err.	z	P>|z|	[95% conf.	interval]
ec						
x1						
L1.	-1010.453	679.4043	-1.49	0.137	-2342.06	321.1553
x2						
L1.	-122.3553	810.5711	-0.15	0.880	-1711.045	1466.335
SR						
ec	-.0631066	.0554507	-1.14	0.255	-.1717881	.0455749
x1	-7.999996	36.20978	-0.22	0.825	-78.96987	62.96988
x2	33.14817	37.89091	0.87	0.382	-41.11666	107.413
_cons	817.8516	303.5351	2.69	0.007	222.9336	1412.77

3.4.4. Test de Hausman pour la sélection du modèle

Le test de Hausman permet de comparer les estimateurs du groupe moyen (MG) et du groupe moyen regroupé (PMG) dans les modèles autorégressifs à retard distribué (ARDL). Ce test vérifie l'homogénéité des coefficients à long terme entre les groupes, ce qui constitue la principale différence entre les deux estimateurs.

H_0: les coefficients de long terme sont homogene (PMG)

H_1: les coefficients de long terme sont heterogenes (MG)

3.5.Modèle cointégré de panel

Les modèles cointégrés de panel sont utilisés pour étudier les relations à long terme entre variables de données de panel lorsque celles-ci sont non stationnaires mais cointégrées. Cela signifie que les variables peuvent avoir individuellement des racines unitaires (non stationnaires), mais qu'il existe une combinaison linéaire stationnaire de ces variables. Ces modèles sont largement utilisés en économétrie pour analyser les relations économiques à long terme entre plusieurs entités (pays, entreprises, etc.) au fil du temps.

Avant de tester la cointégration, nous devons vérifier si nos variables sont non stationnaires (présentent des racines unitaires). Nous pouvons utiliser des tests de racine unitaire de panel de première génération (lorsque les variables sont indépendantes) ou des tests de racine unitaire de panel de deuxième génération (lorsque les variables sont dépendantes). Si les résultats du test de racine unitaire adéquat montrent que toutes les variables sont non stationnaires en niveau et sont intégrées dans le même ordre un (1). Il y a donc une forte probabilité que les variables soient cointégrées. Pour cela, nous utilisons les tests de cointégration de panel. Le test de cointégration de Kao et al. (2000) et Pedroni (2000) est basé sur l'hypothèse nulle d'absence de cointégration. Si les variables sont cointégrées, il semble que les résultats des MCO entièrement modifiés de panel (FMOLS), des MCO dynamiques (DOLS) et de la régression de cointégration canonique (CCR) donnent des résultats cohérents et précis.

La procédure d'estimation de FMOLS, étudiée notamment par Pedroni (1996), permet de prendre en compte les problèmes d'endogénéité du second ordre des régresseurs (générés par la corrélation entre le résidu de cointégration et les innovations des variables I(1) présentes dans la relation de cointégration) ainsi que les propriétés d'autocorrélation et d'hétéroscédasticité des résidus. Considérons le système cointégré suivant :

$$y_{it} = \alpha_i + \alpha_i x_{it} + \varepsilon_{it} \qquad (3.20)$$

Avec, $x_{it} = x_{it-1} + u_{it}$

Pour i = 1, ..., N. Le vecteur d'erreur $(\varepsilon_{it}, u_{it})'$ est stationnaire avec une matrice de variance-covariance asymptotique Ω_i, qui peut être décomposée comme suit :

$$\Omega_i = \Omega_i^0 + \Gamma_i + \Gamma_i'$$

Où la covariance contemporaine Γi est une somme pondérée d'autocovariances. β est le vecteur de cointégration, le vecteur $(y_{it}, x_{it})'$ a été intégré d'ordre 1.

L'estimateur FMOLS de $\hat{\beta}_{FM}$ selon Pedroni (1996) est donné par

$$\hat{\beta}_{FM} = \left(\sum_{i=1}^{N} \hat{L}_{22i}^{-2} \sum_{t=1}^{T} (x_{it} - \bar{x}_i)^2\right)^{-1} \sum_{i=1}^{N} \hat{L}_{11i}^{-1} \hat{L}_{22i}^{-2} (\sum_{t=1}^{T} (x_{it} - \bar{x}_i) y_{it}^* - T\hat{\gamma}_i \qquad (3.21)$$

Où $y_{it}^* = (y_{it} - \bar{y}_i) - \frac{\hat{L}_{21i}}{\hat{L}_{22i}} \Delta x_{it} + \frac{\hat{L}_{11i} - \hat{L}_{22i}}{\hat{L}_{22i}} \beta (x_{it} - \bar{x}_i)$

Cependant, l'approche DOLS a été initialement suggérée par Saikkonen (1991) pour les séries chronologiques, puis adaptée par Kao et Chiang (2000) et Mark et Sul (2003) aux données de panel. Cette technique consiste à inclure les valeurs avancées et retardées de Δx dans la relation de cointégration, afin d'éliminer la corrélation entre les variables explicatives et le terme d'erreur dans l'équation suivante :

$$y_{it} = \alpha_i + \beta x_{it} + \sum_{k=-\infty}^{\infty} \delta_{ik} \Delta x_{it+k} + \varepsilon_{it} \qquad (3.22)$$

En pratique, la somme infinie est évidemment tronquée à une valeur relativement faible du nombre de retards/avances, et l'estimateur DOLS est obtenu en estimant la régression ci-dessus par la méthode des MCO. L'estimateur DOLS présente la même distribution asymptotique que l'estimateur FM-MCO.

De plus, l'étude actuelle utilise la méthode de régression cointégrante canonique (RCC) proposée par Park (1992), un estimateur basé sur la régression. Pour une analyse CCR réalisable, Park et al. (2010) ont soutenu que l'estimateur CCR ne sert qu'à fixer la partie linéaire de la régression. Ainsi, la détermination de l'ordre exact des retards et des avances est la question cruciale de l'estimateur. La forme générale de l'estimateur CCR est donnée par l'équation suivante :

$$y_t^* = \beta_{pq}' z_{pqt}^* + u_{pqt}^* \qquad (3.23)$$

Où y_t^*et z_{pqt}^* sont les transformations stationnaires de $y_t$et z_{pqt}, respectivement. En outre, cette étude considère également les estimations diagnostiques résiduelles pour examiner l'hétéroscédasticité par le test d'hétéroscédasticité de Breusch-Pagan-Godfrey proposé par Breusch et Pagan (1979) et Godfrey (1978).

Application avec Stata

Dans cet exemple, nous utilisons trois variables telles que la croissance économique (lngg), la consommation d'énergie renouvelable (REC) et la finance verte (GF) pour 40 pays sur la période 2000-2020.

.

Variable	Cd-test	P-value	Hypothèse acceptée
Lngg	9,62	0,000	dépendance
REC	10.42	0,000	dépendance
GF	95,08	0,000	dépendance

Nos variable présentent une dépendance entre les entités, pour cela nous utilisons le test de deuxième génération pour la présence de racine unitaire.

Variable	t-bar	Z[t-bar]	P-value	Hypothèse acceptée	Ordre d'intégration
Lngg	-1,448	2.588	0,995	Non stationnaire	I(1)
REC	-0,756	8.453	1.000	Non stationnaire	I(1)
GF	-1.212	3.705	1.000	Non stationnaire	I(1)

Nous trouvons de nombreuses preuves en faveur de l'acceptation de l'hypothèse nulle d'une racine unitaire et concluons donc que toutes les variables ne sont pas stationnaires et sont intégrées dans le même ordre 1.

Dans cette étape, nous testons la cointégration, nous pouvons utiliser le **test de Kao** ou le **test de Pedroni** avec Stata.

Test de cointégration de Kao

```
. rename green_finance1 GF

. xtcointtest kao rec lngg GF

Kao test for cointegration
──────────────────────────
Ho: No cointegration                         Number of periods   =    68
Ha: All panels are cointegrated              Number of periods   =    19

Cointegrating vector: Same
Panel means:          Included               Kernel:          Bartlett
Time trend:           Not included           Lags:            1.51 (Newey-West)
AR parameter:         Same                   Augmented lags:  1
──────────────────────────────────────────────────────────────────────
                                             Statistic        p-value
──────────────────────────────────────────────────────────────────────
 Modified Dickey-Fuller t                     5.0900          0.0000
 Dickey-Fuller t                              5.4976          0.0000
 Augmented Dickey-Fuller t                    4.4445          0.0000
 Unadjusted modified Dickey-Fuller t          3.4341          0.0003
 Unadjusted Dickey-Fuller t                   3.2780          0.0005
──────────────────────────────────────────────────────────────────────
```

Test pour la cointégration de Pedroni

```
. xtcointtest pedroni rec lngg GF

Pedroni test for cointegration
──────────────────────────────
Ho: No cointegration                         Number of panels    =    68
Ha: All panels are cointegrated              Number of periods   =    20

Cointegrating vector: Panel specific
Panel means:          Included               Kernel:          Bartlett
Time trend:           Not included           Lags:            2.00 (Newey-West)
AR parameter:         Panel specific         Augmented lags:  1
──────────────────────────────────────────────────────────────────────
                                             Statistic        p-value
──────────────────────────────────────────────────────────────────────
 Modified Phillips-Perron t                   4.1246          0.0000
 Phillips-Perron t                           -0.3875          0.3492
 Augmented Dickey-Fuller t                    0.1343          0.4466
──────────────────────────────────────────────────────────────────────
```

To install and get xtcointreg Stata command, you can tape:

1- **ssc install xtcointreg**
2- **net install st0272**
3- **net get st0272**

```
. xtcointreg rec lngg GF, est(fmols)
Method of estimation: fmols
Number

Cave[2,2]
        beta  t-stat
lngg   -4.64  -35.92
  GF    0.18   34.43

. xtcointreg rec lngg GF, est(dols)
Method of estimation: dols
Number

Cave[2,2]
          beta    t-stat
lngg     -2.33  -5.6e+04
  GF      0.30         .

. xtcointreg rec lngg GF, est(ccr)
Method of estimation: ccr
Number

Cave[2,2]
        beta  t-stat
lngg   -4.76  -36.03
  GF    0.21   31.06
```

Les résultats des deux tests de Kao et Pedroni nous a donné 6 chances sur 8 que les variables sont cointégrées. En conclusion les variables sont cointégrées et l'estimation de la relation de long terme par les deux techniques FMOLS et DOLS nous donne des coefficients significatifs dans l'équation de cointégration.

Conclusion

Les modèles de panel linéaire offrent des outils puissants pour l'analyse de données transversales et chronologiques. Ce chapitre explore en profondeur les cadres théoriques et les applications pratiques des principaux modèles, notamment les modèles à effets individuels, les modèles pooled, le modèle de Mundlak, les modèles de panel dynamique, les modèles ARDL et les modèles de panel cointégrés. Chaque modèle répond à des défis spécifiques, tels que l'hétérogénéité inobservée, l'endogénéité et la non-stationnarité, permettant aux chercheurs de tirer des conclusions solides et pertinentes de leurs données.

Le choix du modèle dépend de la nature des données et des objectifs de recherche. Par exemple, les modèles à effets fixes sont idéaux pour contrôler l'hétérogénéité invariante dans le temps, tandis que les modèles de panel dynamiques sont adaptés à la capture de la persistance dans le temps. Les modèles ARDL et cointégrés, en revanche, sont précieux pour analyser les relations à court et à long terme dans des données non stationnaires.

En maîtrisant ces modèles, les chercheurs peuvent exploiter tout le potentiel de l'analyse de données de panel, offrant ainsi une compréhension plus approfondie des phénomènes économiques, sociaux et politiques. Ce chapitre sert de base à la compréhension et à l'application de ces méthodes, fournissant aux lecteurs les connaissances nécessaires pour relever des défis empiriques complexes dans leurs propres travaux.

Chapitre 4
Modèles de données de panel non linéaires

L'étude des données de panel est devenue de plus en plus populaire en recherche empirique grâce à sa capacité à prendre en compte l'hétérogénéité transversale et temporelle. Si les modèles linéaires de données de panel constituent la pierre angulaire de l'analyse économétrique, de nombreuses relations réelles sont intrinsèquement non linéaires. La prise en compte de ces complexités nécessite le développement et l'application de modèles non linéaires de données de panel. Ce chapitre présente trois approches non linéaires majeures : la régression à seuil de panel (PTR), la régression à transition douce de panel (PSTR) et le modèle autorégressif non linéaire à retard échelonné (NARDL).

Ce chapitre explore le cadre théorique et les applications empiriques de trois classes de modèles de panel non linéaires : la régression à seuil de panel (PTR), les modèles autorégressifs non linéaires à retard distribué (NARDL) et la régression quantile de panel. Ces approches permettent d'analyser des phénomènes économiques caractérisés par des réponses différenciées aux chocs, des ajustements asymétriques et des relations conditionnelles hétérogènes entre les variables explicatives et la variable dépendante.

Le modèle PTR, introduit par Hansen (1999), est l'un des modèles de données de panel non linéaires les plus utilisés. Il capture les effets de seuil discrets en divisant l'échantillon en régimes distincts selon la valeur d'une variable seuil. Si la relation entre les variables dépendantes et indépendantes reste linéaire au sein de chaque régime, les coefficients varient entre eux. Cette approche est particulièrement efficace pour analyser les ruptures structurelles, les seuils politiques ou les changements de comportement dans les données de panel. Le modèle PSTR étend le cadre PTR en autorisant des transitions douces plutôt que brutales entre les régimes. Au lieu de supposer des changements discrets, il modélise des changements graduels dans les relations induites par des variations continues de la variable seuil. Cela rend le modèle PSTR particulièrement adapté à l'étude des processus d'ajustement progressif, tels que la convergence économique, l'adoption technologique ou la dynamique climatique.

Le modèle NARDL enrichit l'analyse en prenant en compte les asymétries dans les relations à long et à court terme entre les variables. En décomposant une variable explicative en ses composantes positives et négatives, il permet d'évaluer si les hausses et les baisses d'une variable ont des effets différents. Appliqué aux données de panel, ce modèle facilite l'étude des dynamiques asymétriques entre unités, ce qui le rend particulièrement pertinent pour examiner des phénomènes tels que l'impact des fluctuations des prix du pétrole sur la croissance économique ou les effets asymétriques de la politique monétaire sur l'inflation.

En revanche, la régression quantile de panel permet d'examiner les effets hétérogènes des variables explicatives à différents niveaux conditionnels de la distribution de la variable dépendante. Contrairement aux méthodes de régression traditionnelles qui estiment les effets moyens, cette approche, développée par Koenker et Bassett (1978) et étendue aux données de panel par Canay (2011), offre une vision plus complète des relations économiques en capturant des effets différenciés selon la position des observations dans la distribution. Cette méthode est particulièrement utile pour analyser les inégalités de revenus, les effets différentiels des politiques économiques sur les entreprises ou les déterminants de la volatilité financière.

L'objectif principal de ce chapitre est de présenter ces modèles de données de panel non linéaires et de fournir des exemples empiriques. Nous abordons leurs fondements théoriques, leurs techniques d'estimation et leurs applications pratiques. De plus, nous fournissons des conseils sur la sélection des modèles, la détermination des seuils et les tests diagnostiques afin d'aider les chercheurs à identifier le modèle le plus adapté à leurs données. À l'aide d'exemples illustratifs, nous démontrons comment ces modèles peuvent être mis en œuvre concrètement pour révéler des informations nuancées à partir de données de panel.

À la fin de ce chapitre, les lecteurs auront une solide compréhension des modèles de données de panel non linéaires et de la manière de les appliquer aux données du monde réel pour répondre à des questions de recherche complexes.

4.1.Modèles à seuil

4.1.1. Modèle de régression de transition de panel (PTR)

Un modèle de régression de transition de panel est généralement utilisé dans l'analyse de données de panel pour étudier l'évolution des relations entre variables au fil du temps, en se concentrant souvent sur les transitions ou les changements de régime. Ces modèles combinent les caractéristiques des données de panel (transversales et chronologiques) avec la dynamique des changements structurels ou des relations non stables entre variables.

Le modèle de seuil de panel proposé par Hansen (1999) est basé sur la forme générale suivante :

$$y_{it} = \alpha_i + \beta'_1 x_{it} + \beta'_2 x_{it} h((q_t;\gamma) + \varepsilon_{it} \qquad (4.1)$$

Où y_{it}est la variable dépendante, x_{it} la variable indépendante, ε_{it} le terme d'erreur, h(..) une fonction de transition, q_{it} la variable de seuil et γ la valeur de seuil.

Si la variable de transition est binaire telle que

$$h((q_t;\gamma) = \begin{cases} 1\ if\ q_t \geq \gamma \\ 0\ if\ < \gamma \end{cases}$$

alors le modèle est simplement défini par

$$y_{it} = \alpha_i + \beta'_1 x_{it} + \beta'_2 x_{it} I(q_t \geq \gamma) + \varepsilon_{it} \qquad (4.2)$$

Où I(.) est la fonction de paramètre indicatrice

Si la fonction de transition est une fonction binaire, nous avons un mécanisme de changement de régime pour les paramètres de pente qui dépend du paramètre d'emplacement de la variable de seuil γ.

$$y_{it} = \begin{cases} \alpha_i + (\beta'_1 + \beta'_2) x_{it} + \varepsilon_{it} & if q_t \geq \gamma \\ \alpha_i + \beta'_1 x_{it} + \varepsilon_{it} & if q_t < \gamma \end{cases} \qquad (4.3)$$

Dans ce cas, nous avons deux régimes pour le paramètre de pente $\beta'_1\, et\ (\beta'_1 + \beta'_2)$.

Pour un seuil donné, γ le coefficient de pente β peut être estimé par les moindres carrés ordinaires.

$$\hat{\beta}(\gamma) = \left(X^*(\gamma)'X^*(\gamma)\right)^{-1}X^*(\gamma)'Y \tag{4.4}$$

Le vecteur des résidus est donné par

$$\hat{\varepsilon}(\gamma) = Y^* - X^*(\gamma)\hat{\beta}(\gamma)$$

Et la somme des carrés des résidus est $SSR(\gamma) = \hat{\varepsilon}^*(\gamma)'\hat{\varepsilon}^*(\gamma)$

Exemple avec Stata

xthreg depvar [indepvars] [if] [in], rx(varlist) qx(varname) [thnum(#) grid(#) trim(numlist) bs(numlist)

Options

Rx (Varlist) : la variable dépendante du régime. Les opérateurs de séries chronologiques sont autorisés. rx () est requis.

QX (VarName) : la variable de seuil. Les opérateurs de séries chronologiques sont autorisés. QX () est requis.

Thnum (#) : le nombre de seuils. # doit être égal ou inférieur à 3. La valeur par défaut est thnum (1).

grid (#) : le nombre de points de grille. grid () est utilisé pour éviter de consommer trop de temps lors du calcul de gros échantillons. La valeur par défaut est grid (300).

trim (numlist) est la proportion de coupe pour estimer chaque seuil. Le nombre de proportions de coupe doit être égal au nombre de seuils spécifiés dans thnum (). La valeur par défaut est la trim (0,01) pour tous les seuils. Par exemple, pour s'adapter à un modèle à triple seuil, vous pouvez écrire trim (0,01 0,01 0,05).

bs(numlist) est le nombre de réplications bootstrap. Si bs () n'est pas défini, xthreg n'utilise pas de bootstrap pour le test d'effets de seuil.

Dans cet exemple, nous vérifions l'impact de l'effet de levier sur l'effet du risque de crédit sur la performance des entreprises. Nous utilisons les données de 11 banques tunisiennes cotées sur la période 2000-2020. La variable dépendante est ROA1, les variables indépendantes sont le risque de crédit (cr), le dépôt total (dépôt) et l'effet de levier (leverage).

4.1.1.1. Cas d'un seul seuil

```
. xthreg roa1  deposit leverage , rx(cr ) qx(leverage ) thnum(1) trim(0.01)
Estimating the threshold parameters:  1st ......  Done

Threshold estimator (level = 95):
-----------------------------------------------------
     model |   Threshold        Lower        Upper
-----------+-----------------------------------------
      Th-1 |      0.7457       0.7004       0.7537
-----------------------------------------------------

Fixed-effects (within) regression               Number of obs     =        231
Group variable: id                              Number of groups  =         11

R-sq:  Within  = 0.1135                         Obs per group: min =        21
       Between = 0.0030                                        avg =      21.0
       Overall = 0.0203                                        max =        21

                                                F(4,216)          =       6.91
corr(u_i, Xb)  = -0.3921                        Prob > F          =     0.0000

------------------------------------------------------------------------------
        roa1 | Coefficient  Std. err.      t    P>|t|     [95% conf. interval]
-------------+----------------------------------------------------------------
     deposit |    .000975   .0002797     3.49   0.001     .0004236    .0015263
    leverage |  - 69.21965  32.96753     2.10   0.037     4.240408    134.1989
             |
   _cat#c.cr |
           0 |    478.724   298.0732     1.61   0.110    -108.7804    1066.228
           1 |  -285.1176    91.9956    -3.10   0.002    -466.4416   -103.7936
             |
       _cons |    10.1166   28.43207     0.36   0.722    -45.92321    66.15642
-------------+----------------------------------------------------------------
     sigma_u |  26.772731
     sigma_e |  27.690718
         rho |  .48314968   (fraction of variance due to u_i)
------------------------------------------------------------------------------
F test that all u_i=0: F(10, 216) = 15.74                    Prob > F = 0.0000
```

Dans ce cas, la régression de seuil de panel (PTR) divise les données en deux régimes selon que l'effet de levier d'une variable de seuil est inférieur ou supérieur à un certain seuil.
Dans nos résultats : _cat#c.cr représente les deux régimes :

- 0 : Observations où l'effet de levier est inférieur au seuil estimé.
- 1 : Observations où l'effet de levier est supérieur au seuil estimé.

Le modèle estime deux coefficients différents pour c.cr en fonction du régime Pour la variable de dépôt, le coefficient = 0,000975 avec une valeur de p = 0,001, indiquant un effet positif et significatif. Ainsi, une augmentation des dépôts améliore le ROA1, bien que l'ampleur de l'effet soit faible. Pour l'effet de levier, le coefficient = -69,22 avec une valeur de p = 0,037, indiquant un effet négatif et significatif (p < 0,05). Ainsi, un effet de levier plus élevé est associé à une rentabilité plus faible (ROA1).
Selon les résultats ci-dessus : régime 0 (effet de levier < seuil) : Coefficient de cr = 478,724, p = 0,110 positif mais non statistiquement significatif. Ainsi, lorsque l'effet de levier est inférieur au seuil, il n'a pas d'impact significatif sur le roa1. Pour le régime 1 (effet de levier ≥ seuil) : Coefficient de cr = -285,12, p = 0,002, effet négatif et significatif (p < 0,01). Ainsi, lorsque l'effet de levier dépasse le seuil, l'effet cr devient fortement négatif sur le roa1.

4.1.1.2. Cas des deux seuils

```
. xthreg roa1  deposit leverage , rx(cr ) qx(leverage) thnum(2) trim(0.01 0.01)
Estimating  the  threshold  parameters:   1st ......  2nd ......  Done

Threshold estimator (level = 95):
```

model	Threshold	Lower	Upper
Th-1	0.7457	0.7004	0.7537
Th-21	0.7386	0.7322	0.7407
Th-22	0.8085	0.8076	0.8252

```
Fixed-effects (within) regression               Number of obs      =       231
Group variable: id                              Number of groups   =        11

R-sq:  Within  = 0.1201                         Obs per group: min =        21
       Between = 0.0043                                        avg =      21.0
       Overall = 0.0213                                        max =        21

                                                F(5,215)           =      5.87
corr(u_i, Xb)  = -0.3910                        Prob > F           =    0.0000
```

roa1	Coefficient	Std. err.	t	P>|t|	[95% conf. interval]	
deposit	.0009661	.0002794	3.46	0.001	.0004155	.0015168
leverage	-63.88216	32.77868	1.95	0.053	-.7265617	128.4909
_cat#c.cr						
0	484.0546	310.9422	1.56	0.121	-128.8309	1096.94
1	-649.493	379.4996	-1.71	0.088	-1397.509	98.52314
2	-276.3847	91.78616	-3.01	0.003	-457.3006	-95.46873
_cons	15.05839	28.2871	0.53	0.595	-40.69716	70.81395
sigma_u	26.855345					
sigma_e	27.651751					
rho	.48539208	(fraction of variance due to u_i)				

F test that all u_i=0: F(10, 215) = 15.86 Prob > F = 0.0000

Dans ce cas, le modèle divise l'échantillon en trois régimes en fonction de la variable seuil (leverage).

Pour les effets de seuil, lorsque l'effet de levier est faible (régime 0), l'effet de risque de credit (cr) sur le ROA1 n'est pas significatif. Lorsque l'effet de levier est modéré (régime 1), le cr commence à avoir un impact négatif sur le ROA1, mais faiblement. Au final, lorsque l'effet de levier est élevé (régime 2), le cr réduit significativement la rentabilité. Pour les autres variables, les dépôts améliorent significativement le ROA1, et l'effet de levier a un effet négatif, mais faiblement significatif.

4.1.1.3. Cas des trois seuils

```
. xthreg roa1  deposit leverage , rx(cr ) qx(leverage) thnum(3) trim(0.01 0.01 0.05)
Estimating  the  threshold  parameters:   1st ......  2nd ......  3rd ......  Done
```

Threshold estimator (level = 95):

model	Threshold	Lower	Upper
Th-1	0.7457	0.7004	0.7537
Th-21	0.7386	0.7322	0.7407
Th-22	0.8085	0.8076	0.8252
Th-3	0.8705	0.8699	0.8716

```
Fixed-effects (within) regression               Number of obs     =        231
Group variable: id                              Number of groups  =         11

R-sq:  Within  = 0.1384                         Obs per group: min =        21
       Between = 0.0113                                        avg =      21.0
       Overall = 0.0169                                        max =        21

                                                F(6,214)          =       5.73
corr(u_i, Xb)  = -0.4620                        Prob > F          =     0.0000
```

roa1	Coefficient	Std. err.	t	P>|t|	[95% conf.	interval]
deposit	.00095	.0002772	3.43	0.001	.0004036	.0014964
leverage	-79.50997	33.32927	2.39	0.018	13.81426	145.2057
_cat#c.cr						
0	286.5288	322.0464	0.89	0.375	-348.2606	921.3181
1	-806.8413	383.5901	-2.10	0.037	-1562.94	-50.74264
2	-571.9566	165.9311	-3.45	0.001	-899.0252	-244.8879
3	-225.6702	94.10004	-2.40	0.017	-411.1519	-40.18856
_cons	2.147945	28.70397	0.07	0.940	-54.43078	58.72667
sigma_u	28.381834					
sigma_e	27.426908					
rho	.51710567	(fraction of variance due to u_i)				

F test that all u_i=0: F(10, 214) = 16.44   Prob > F = 0.0000

Le modèle a désormais identifié trois seuils, ce qui signifie que l'échantillon est divisé en quatre régimes différents en fonction de l'effet de levier variable. L'impact du risque de credit (cr) sur ROA1 varie selon le régime dans lequel l'observation se situe.

Faible effet de levier (régime 0) → pas d'impact significatif de cr, effet de levier modéré (régime 1) → début d'un fort effet négatif de cr. Effet de levier élevé (régime 2) → effet négatif le plus marqué de la cr sur la rentabilité. Enfin, effet de levier très élevé (régime 3) → effet négatif de cr toujours présent, mais plus faible qu'en régime 2.

En conclusion, trois seuils divisent l'échantillon en quatre régimes distincts. En cas d'augmentation de leverage , l'effet de cr sur ROA1 passe d'insignifiant à très négatif. Les dépôts restent un facteur clé de rentabilité. Leverage a un effet négatif significatif, indiquant un risque financier.

4.1.2. Le modèle de panel dynamique à seuil (TDPM)

La méthode de Hansen (1999) est couramment utilisée pour l'estimation de seuil dans les modèles de panel dynamique. Elle identifie l'existence d'un effet de seuil et estime différents régimes en conséquence. Dans cette section, nous utilisons un modèle de panel dynamique à seuil développé par Kremer et al. (2013), qui étend la configuration statique originale de Hansen (1999) aux régresseurs endogènes pour analyser les relations entre les variables. Ce modèle est une extension du modèle de panel transversal à seuil de Caner et Hansen (2004), où des estimateurs de type GMM sont utilisés afin de tenir compte de l'endogénéité. Considérons le modèle de panel général à seuil suivant.

$$y_{it} = x'_{it}\beta + (1, x'_{it})\delta\ 1\{q_{it} > \gamma\} + u_i + \varepsilon_{it} \tag{4.5}$$

Où x_{it} Peut inclure des variables dépendantes retardées et q_{it} constitue la variable seuil. T est supposé fixe tant que la taille de l'échantillon n croît vers l'infini. Ainsi, le paramètre incident u_i avec la transformation de première différence est supprimé et les paramètres inconnus sont estimés via le GMM. Ce qui suit décrit la méthode GMM de Seo et Shin (2016).

Considérerons $(z'_{it0}, \dots, z'_{iT})$ les variables instrumentales des variables retardées et exogènes, où $2 < t_0 \leq T$. Ensuite, construisons le moment d'échantillonnage

$$\begin{aligned}\bar{g}_n(\theta) &= \bar{g}_{1n} - \bar{g}_{2n}(\gamma)(\beta', \delta')' \\ &= \frac{1}{n}\sum_{i=1}^{n} g_{1i} - \frac{1}{n}\sum_{i=1}^{n} g_{2i}(\gamma)(\beta', \delta')'\end{aligned} \tag{4.6}$$

Où

$$g_{1i} = \begin{pmatrix} z_{it0}\Delta y_{it0} \\ . \\ . \\ . \\ z_{itT}\Delta y_{itT} \end{pmatrix} \quad \text{et} \quad g_{2i}(\gamma) = \begin{pmatrix} z_{it0}(\Delta x'_{it0}, 1_{it0}(\gamma)'X_{it0} \\ . \\ . \\ . \\ z_{iT}(\Delta x'_{iT}, 1_{iT}(\gamma)'X_{iT} \end{pmatrix}$$

Avec Δ signifie le premier opérateur de différence et

$$X_{it} = \begin{pmatrix} 1, x'_{it} \\ 1, x'_{it-1} \end{pmatrix} \text{ et } 1_{it}(\gamma) = \begin{pmatrix} 1\{q_{it} > \gamma\} \\ -1\{q_{it-1} > \gamma\} \end{pmatrix}$$

Ensuite, le GMM est introduit avec la matrice de pondération W_n.

$$\bar{J}_n(\theta) = \bar{g}_n(\theta)'W_n\bar{g}_n(\theta)$$

Ce qui sera minimisé pour produire une estimation $\hat{\theta}$ de GMM.

Seo et Shin (2016) ont montré que dans des conditions de régularité appropriées, l'estimateur GMM est asymptotiquement normal.

La procédure d'estimation consiste à déterminer et à sélectionner la valeur seuilγ avec la plus valeur minimale de la somme des carrés des résidus. Une fois $\hat{\gamma}$ est déterminé, les coefficients de pente peuvent être estimés par la méthode généralisée des moments (GMM) pour les instruments précédemment utilisés et le seuil précédemment estimé $\hat{\gamma}$.

Exemple avec Stata

Le paramètre de vitesse de transition (r = 0,9221, p = 0,000) est hautement significatif, confirmant qu'une transition en douceur existe entre les régimes. En dessous du seuil (termes _b), le ROE retardé (Lag_y_b) est significatif (p = 0,021), indiquant que les performances passées impactent roe1 avant le seuil. Le dépôt (deposit_b) est faiblement significatif (p = 0,071), suggérant qu'avant d'atteindre le seuil, les dépôts ont un impact marginal sur roe1. Le risque de crédit (cr_b) n'est pas significatif (p = 0,593), ce qui signifie que cr ne joue pas de rôle majeur avant d'atteindre le seuil.

Au-dessus du seuil (termes _d), le ROE retardé (Lag_y_d) est significatif (p = 0,008), ce qui signifie que les performances passées restent pertinentes même après avoir franchi le seuil. Le dépôt (deposit_d) est hautement significatif (p = 0,014), ce qui suggère qu'au-dessus du seuil, les dépôts jouent un rôle plus important dans la détermination du roe1. Le risque de crédit (cr_d) est significatif (p = 0,004) mais négatif, indiquant qu'au-dessus du seuil, le cr a un impact négatif sur le roe1.

```
. xthenreg roe1 leverage   deposit cr

N = 11, T = 21
Panel Var. = id
Time Var. = year
Number of moment conditions = 247
```

roe1	Coefficient	Std. err.	z	P>|z|	[95% conf.	interval]
Lag_y_b	.1713172	1.737432	0.10	0.021	.023386	3.576621
deposit_b	.0004559	.0125415	0.04	0.071	-.024125	.0250367
cr_b	8.633	62.036	0.53	0.593	-3.236	97.694
cons_d	98.4755	30.9783	20.46	0.000	51.1846	154.2336
Lag_y_d	1.159144	2.369751	2.66	0.008	.803771	3.485483
deposit_d	.0094654	.0055612	2.46	0.014	.0014344	.0203651
cr_d	-153.449	54.365	-2.58	0.004	-48.939	-695.84
r	.9220661	.2041986	4.52	0.000	.5218443	1.322288

4.1.3. Modèle de régression à transition douce de panel (PSTR)

Le modèle PSTR peut être considéré comme une généralisation du modèle de régression à seuil de panel (PTR), initialement présenté par Hansen (1999). Comme dans le modèle PTR, les coefficients de régression peuvent prendre des valeurs différentes selon les régimes. Cependant, la principale caractéristique du modèle PSTR est que les coefficients de régression évoluent en douceur d'un régime à l'autre.

Le modèle PSTR de base avec deux régimes peut être présenté comme suit :

$$y_{i,t} = \alpha_i + \mu_t + \beta_0 x_{i,t} + \beta_1' x_{i,t} g(q_{i,t}, \gamma, c) + \varepsilon_{i,t} \qquad (4.7)$$

Où, i = 1,… N et t = 1,… T ; où N et T sont respectivement les dimensions transversale et temporelle du panel. α_i et μ_t sont respectivement les effets individuels fixes et les effets temporels. $\varepsilon_{i,t}$ représente le terme d'erreur. Les coefficients $\beta_{0.1}, \beta_{0.2}, \dots, \beta_{0.8}$ sont ceux du premier régime linéaire et $\beta_{1.1}$ et $\beta_{1.2}$ sont le coefficient du second régime linéaire. $g(q_{i,t}, \gamma, c)$ est la fonction de transition et dépend de la variable de seuil ($q_{i,t}$), du paramètre de seuil (c) et du paramètre de la fonction de transition de pente (γ). $x_{i,t}$ est le vecteur des variables explicatives et de contrôle et $y_{i,t}$ la variable dépendante.

$g_{it}(q_{it};\gamma,c)$ est appelée fonction de transition (ou de transformation) normalisée pour être comprise entre 0 et 1. C'est une fonction continue de la variable seuil (ou variable de conversion) q_{it}, du paramètre de pente γ et du paramètre de localisation c . Suivant Granger et Teräsvirta (1993), Colletaz et Hurlin (2006) et Gonzalez et al. (2005, 2017), nous exprimons la fonction de transition sous la forme d'une fonction logistique :

$$g(q_{it};\gamma,c) = \left(1 + e^{\left(-\gamma \prod_{j=1}^{m}(q_{it}-c_j)\right)}\right)^{-1} \qquad (4.8)$$

c (c_1,..., c_m)' désigne un vecteur de dimension m de paramètres de position (ou de localisation) où $c_1 < c_2 < \ldots < c_m$.

$\gamma > 0$, représente le coefficient de pente, qui détermine la vitesse à laquelle la conversion du modèle se produit, c'est-à-dire détermine si la transition d'un régime extrême à un autre est douce ou brusque. Une valeur élevée de γ indique une transition approximative des coefficients entre les régimes, démontrant la plus grande vitesse de conversion du modèle, tandis qu'une faible pente indique une transition douce. Lorsque γ tend vers l'infini, la fonction de transition $g_{it}(q_{it};\gamma,c)$devient la fonction indicatrice I[$q_{it} > c$] qui prend 1 lorsque q_{it} dépasse la valeur seuil c , 0 sinon. Dans ce cas, le PSTR converge vers la régression à seuil de panel à deux régimes (PTR) de Hansen (1999). Lorsque γ tend vers zéro, la fonction de transition g(q_{it} , γ , c) est constante, et le modèle PSTR se transforme en un modèle de régression de panel homogène ou linéaire à effets fixes.

Le modèle PSTR multi-régime, avec (r + 1) régimes extrêmes, peut être établi comme suit :

$$y_{it} = \mu_i + \beta_0' Z_{it} + \sum_{j=1}^{r} \beta_j Z_{it} g_j\left(q_{it}^{j};\gamma_j,c_j\right) + \rho'^{X_{it}} + \varepsilon_{it} \qquad (4.9)$$

m représente le nombre de paramètres positionnels, tandis que r est le nombre de fonctions de conversion. En pratique, il suffit généralement de considérer $m = 1$ ou $m = 2$ (González et al. (2017). Le cycle de modélisation PSTR comprend trois étapes : spécification, estimation et évaluation.

4.1.3.1. Test de linéarité :

La procédure de spécification du modèle PSTR est séquentielle. La première étape consiste à vérifier la non-linéarité du processus de génération des données. Cela consiste à tester l'hypothèse nulle d'homogénéité (modèle linéaire) H0 : $\gamma = 0$ ou H0 : $\beta 1 = 0$ par rapport au modèle PSTR alternatif. Néanmoins, sous cette hypothèse nulle, le modèle peut contenir des paramètres parasites. Pour éviter ce problème d'identification, Luukkonen et al. (1988) ont remplacé la fonction de transformation par son développement de Taylor du premier ordre autour de $\gamma = 0$. On obtient ainsi la régression auxiliaire :

$$y_{it} = \mu_i + \beta_0^{\prime *} Z_{it} + \beta_1^{\prime *} Z_{it} q_{it}^1 + \ldots + \beta_m^{\prime *} Z_{it} q_{it}^m + \rho_i X_{it} + \varepsilon_{it}^* \qquad (4.10)$$

où $\beta_1^* = \cdots = \beta_m^*$ sont proportionnels à γ et le résidu ε_{it}^* est le résidu initial majoré par le reste du développement de Taylor. Alors, tester $H_0 : \gamma = 0$ dans l'équation (4.7) est équivalent au test $H_0 : \beta_1^* = \cdots = \beta_m^*$ dans l'équation (4.10).

Dans cette étude, nous utilisons trois versions différentes de tests LM, à savoir, le test LM version χ^2 du test LM ($LM\chi$), la version Fisher du test LM (LM_F), leurs versions robustes (consistent à l'Hétéroscédasticité et l'Autocorrélation [($HAC\chi$) et (HAC_F)], ainsi que les tests LM Wild Bootstrap (WB) et Wild Cluster Bootstrap (WCB). Selon Gonzalez et al. (2017), les statistiques standard basées sur χ 2 et F ainsi que les tests HAC peuvent être considérablement surdimensionnées, en particulier lorsque la dimension transversale *N* du panel augmente. Le test WB-LM ne peut pas éliminer totalement le problème des distorsions de taille, bien qu'il soit nettement plus performant que les versions standard du test HAC. Cependant, il est recommandé d'utiliser le test WCB proposé par Cameron et al. (2008) car il surpasse les autres.

Si l'hypothèse nulle ne peut être rejetée, le modèle PSTR ne peut être établi. Dans le cas contraire, si l'hypothèse nulle est rejetée, le processus de génération de données est non linéaire et le modèle PSTR peut être construit.

4.1.3.2. Estimation des paramètres :

À cette étape, nous considérons le cas d'un modèle PSTR avec une seule fonction de transition, comme dans l'équation (4.7), et nous éliminons les effets individuels en supprimant les moyennes individuelles (μ_i). Pour estimer les paramètres de régression, nous appliquons la méthode des moindres carrés non linéaires (NLS) à un panel à effets fixes en minimisant la somme concentrée des carrés des erreurs. La reparamétrisation de l'équation (4.7)) donne :

$$y_{it} = \beta' Z_{it}(\gamma, c) + \rho' X_{it} + u_{it} \qquad (4.11)$$

où, $\beta' = (\beta_0', \beta_1')'$et $Z_{it}(\gamma, c) = (Z_{it}', Z_{it}'(q_{it}, \gamma, c))'$. Cette relation est linéaire en β conditionnellement à γ et c . La première itération de l'algorithme d'optimisation NLS consiste à sélectionner les valeurs de départ de γ et c au moyen d'une recherche de grille sur les paramètres de la fonction de transition g (González et al. (2017).

4.1.3.3. Test de non-linéarité restante : Détermination du nombre de paramètres de position :

Une fois l'hypothèse de non-linéarité confirmée, nous devons tester le nombre de régimes de la fonction de transition par le test de non-linéarité résiduelle. L'objectif principal du test d'absence de non-linéarité résiduelle du modèle PSTR est de rechercher si le terme résiduel ε_i contient encore des composantes non linéaires évidentes. La procédure de test d'absence de non-linéarité résiduelle est séquentielle. Tout d'abord, nous testons l'hypothèse nulle d'un modèle PSTR avec une fonction de transition (H_0 : r = 1), soit deux régimes, par rapport à l'alternative d'un modèle PSTR avec deux fonctions de transition (H_1 : r = 2), soit trois régimes. Si l'hypothèse nulle ne peut être rejetée, la procédure s'arrête là, sinon la procédure continue en testant l'hypothèse nulle d'un modèle PSTR avec deux fonctions de transition (H_0 : r = 2) par rapport à l'alternative d'un modèle PSTR avec trois fonctions de transition (H_1 : r = 3). La procédure s'arrête lorsque l'hypothèse nulle ne peut plus être rejetée.

Considérons le modèle (4.7) avec deux transitions ($r = 2$) :

$$y_{it} = \mu_i + \beta_0' Z_{it} + \beta_1' Z_{it} g_1\left(q_{it}^{(1)}; \gamma_1, c_1\right) + \beta_2' Z_{it} g_2\left(q_{it}^{(2)}; \gamma_2, c_2\right) + \rho' X_{it} + u_{it} \qquad (4.12)$$

L'hypothèse nulle d'absence de test de linéarité restant peut être formulée comme suit : H_0 : $\gamma_2 = 0$. De nouveau, sous l'hypothèse nulle, le modèle PSTR peut contenir des paramètres parasites non identifiés. Pour atténuer le problème d'identification, $g_2\left(g_{it}^{(2)}; \gamma_2, c_2\right)$ de l'équation (4.12) pourrait être remplacé par son développement de Taylor du premier ordre autour de $\gamma_2 = 0$.

Le modèle (6) après transformation peut être représenté comme suit :

$$y_{it} = \mu_i + \beta_0'^{*} Z_{it} + \beta_1' Z_{it} g_1(q_{it}^{(1)}; \gamma_1, c_1) + \beta_{21}'^{*} Z_{it} q_{it}^{(2)} + \ldots + \beta_{2m}'^{*} Z_{it} q_{it}^{(2)m} + \rho' X_{it} + u_{it}^{*} \qquad (4.13)$$

Maintenant, nous reformulons l'hypothèse nulle : $H_0: \beta_{21}^* = \cdots = \beta_{2m}^* = 0$, où $\beta_{21}^*, \ldots, \beta_{2m}^*$ sont des multiples de γ_2.

Le concept de ce test est le même que celui du test de linéarité. Nous utilisons donc les mêmes statistiques que celles suggérées pour vérifier la linéarité, à savoir $LM\chi$, LM_F, $HAC\chi$, HAC_F, WB et WCB.

4.1.3.4. Déterminer le nombre de paramètres de position

Après avoir déterminé le nombre de fonctions de conversion r, nous devons vérifier le nombre de paramètres positionnels m pour chaque fonction de transformation du modèle PSTR. Nous estimons ainsi le modèle PSTR transformé sous m = 1 et m = 2, respectivement. La valeur optimale m est déterminée en fonction des critères d'information AIC et BIC.

4.1.3.4. Application avec R

Dans cette application, nous étudions l'impact de l'effet de leverage sur les dépôts et le risque de crédit sur la performance des entreprises. Nous utilisons les données de 11 banques tunisiennes cotées sur la période 2000-2020. La variable dépendante est le ROE ; les variables indépendantes sont le risque de crédit (CR), le total des dépôts (Dépôts) et leverage. La variable de transition est leverage. Pour ce faire, nous commençons par un test de linéarité afin de vérifier si nous pouvons procéder au PSTR. Ensuite, nous estimons le modèle PSTR en présentant les coefficients des variables indépendantes dans différents régimes. Nous présentons également le tracé de la fonction de transition, testons la stabilité des paramètres,et vérifions la non-linéarité restante. Nous fournissons ici le code R du modèle PSTR.

```
#############" PSTR model##################"

########## Load the "np" pckge###########"

library(np)

library(plm)

library(tidyverse)

install.packages("devtools")

devtools::install_github("yukai-yang/PSTR")

##### or tape devtools::install_github("tommasorizzo/pstr")

library(PSTR)

################### createa panel dataset#############

library(readxl)
```

```
df<-read_excel(c:/user.................................................)
library(hexview)
year_count<-df %>%
  count(year) %>%
  rename (year_count=n)
year_count
df<-tibble(df)
df1<-df%>%select(id, year, roe1, cr, deposit, leverage)
#### perform a PSTR with two transition variables
pstr_mod<-NewPSTR(df,dep="roe1", indep = 4:7, indep_k =c('cr','deposit',
'leverage'), tvars =c('leverage'), iT=7)
print(pstr_mod, "summary")
summary(pstr_mod)
plot(pstr_mod$mq, pstr_mod$vy, main="outcome and transition variable")
#########" test for linearity: null hypothesis = linearity##"
pstr=LinTest(use=pstr_mod)
print(pstr, "test")
########## it provide LM chi square (LM_x) and LM F test (LM_F)
####### HAC_x etero and auto consistent chi test
####### HAC_F is hetero and auto consistent F test
####### Bootstrap based for linearity##########""
library(snowfall)
pstrtest=WCB_LinTest(use=pstr, iB=4, parallel=TRUE, cpus=2)
print(pstrtest, "test")
#######" null is linearity
###### WB_pv is hetro robust wild bootstrap test p value
##### WCB_pv is cluster dependent and hetrorobust test p value
```

```
######### simple fixed effect#######"

pstr_lin=EstPSTR(use=pstr_mod)

print(pstr_lin, "estimates", digits=6)

df.pd<-pdata.frame(df, index=c("country", "year"))

fit<-plm(c~ly+p, df.pd)

summary(fit)

# pstr_nln=EstPSTR(usepstr_mod, im=1, iq,1, useDelta=true, par=c(.43,0))

####### estimation of non linear PSTR model ###########"

pstr_nln = EstPSTR(use=pstr_mod, im=1, iq=1, useDelta=TRUE, par=c(1.93,0.73), method='CG')

print(pstr_nln, "estimates")

#########" Evaluattion tests#######""

pstr1=EvalTest(use=pstr_nln, vq=pstr$mq[,1])

pstr1

###### paramater constancy test accross time########"

pstr_eval<-WCB_TVTest(use=pstr1, iB=IB, parallel=T, cpus=cpus)

pstr_eval

#### wild bootstrap for no remaining heterogeneity evaluation test

pstr_evalh <-WCB_HETest(use=pstr1,vq=pstr$mq[,1], iB=iB, parallel=T, cpus=cpus)

pstr-evalh

##########plot of transition function

plot_transition (pstr_eval, xlim=c(1,93))

plot_transition(pstr_evalh, xlim=c(1,93))

summary(df$roe1)

summary(df$leverage)

plot_transition(pstr_eval, fill = blue, xlim = c(5,12), ylim = c(0,1),color="dodgerblue4", siez=2, alpha = ,3)+
```

```
ggplot2::geom_vline(ggplot2::aes(xintercept=pstr_eval$c-log(1/0,95-1)/pstr_eval$gamma),color="blue")

ggplot2:::labs(x='roe1', y="co2", title="transition effects")

##########"plot the coefficients

ret = plot_coefficients(pstr_eval, vars=1:5, length.out = 100, color="dodgerblue4", size =2)

ret[[1]]

ret$deposit

############" plotting the response against variables ######""

ret3=plot_response((obj=pstr-eval, vars=1:5, log_scale=c(F,F), length.out=100)

        ret3$deposit

        ret3$cr
```

4.1.3.5. Résultats de l'application

Le test de linéarité suivant montre que toutes les valeurs p sont nulles ; nous rejetons l'hypothèse nulle de linéarité. Cela signifie qu'un modèle non linéaire (PSTR) est approprié lorsque l'on utilise leverage comme variable de transition. Ce rejet catégorique de la linéarité suggère que la relation entre les variables indépendantes et la variable dépendante varie significativement selon le niveau la variable de transition leverage.

```
###########################################################################
***************************************************************************
Results of the linearity (homogeneity) tests:
---------------------------------------------------------------------------
LM tests based on transition variable 'leverage'
  m  LM_X PV  LM_F PV HAC_X PV HAC_F PV
  1 896.4  0 247.1  0 566.4  0 156.1  0
***************************************************************************
Sequence of homogeneity tests for selecting number of switches 'm':
---------------------------------------------------------------------------
LM tests based on transition variable 'leverage'
  m  LM_X PV  LM_F PV HAC_X PV HAC_F PV
  1 896.4  0 247.1  0 566.4  0 156.1  0
***************************************************************************
```

Les résultats de l'estimation du PSTR sont présentés dans le tableau suivant. L'effet de leverage sur le ROE1 est non linéaire : initialement, il affecte positivement le ROE1 ; à mesure qu'il augmente, cet effet devient négatif. Au-delà du seuil (effet de levier = 0,73), leverage réduit fortement le ROE1.

Les dépôts deviennent plus avantageux avec un effet de levier élevé. Cela pourrait signifier que les entreprises ayant un effet de levier élevé bénéficient davantage de dépôts plus solides. Le CR réduit toujours la rentabilité.

La transition entre les régimes est douce mais significative. Une vitesse de transition modérée (γ = 6,89) signifie que les entreprises subissent progressivement les effets négatifs d'un endettement élevé. Une gestion efficace de l'endettement est essentielle au maintien d'un ROE élevé.

```
###########################################################################
## PSTR 1.3.0 (Yellow Panel)
###########################################################################
***************************************************************************
Results of the PSTR estimation:
---------------------------------------------------------------------------
Transition variable 'leverage' is used in the estimation.
---------------------------------------------------------------------------
Parameter estimates in the linear part (first extreme regime) are
     roe1_0      cr_0      deposit_0 leverage_0
Est  1.000     -1.006e-1   2.298e-1  9.166
s.e. 9.309e-16 1.127e-10  2.342e-16 5.661e-12

---------------------------------------------------------------------------
Parameter estimates in the non-linear part are
      cr_1     deposit_1 leverage_1
Est -1.367e-1  4.629e-1  -49.622
s.e. 1.776e-10 4.242e-16  5.670e-12
---------------------------------------------------------------------------
Parameter estimates in the second extreme regime are
     cr_{0+1}      deposit_{0+1} leverage_{0+1}
Est -3.608e-1      2.331e-1       -53.608
s.e. 6.525e-11     1.908e-16       1.578e-12
---------------------------------------------------------------------------
```

La figure suivante présente le tracé de la transition. La fonction de transition en S (ligne rouge) montre qu'elle augmente progressivement de 0 à 1 à mesure que leverage augmente. Cela indique un passage progressif du premier régime (faible leverage) au second régime (leverage élevé).

La partie la plus raide de la courbe se situe autour de 0,73, confirmant le seuil estimé par le modèle. C'est à ce point que l'effet de levier commence à changer significativement. Les repères bleus verticaux sur l'axe des abscisses représentent la distribution des valeurs de leverage dans l'ensemble de données. La plupart des points de données sont regroupés entre 0,5 et 1,0, ce qui signifie que de nombreuses entreprises ont un levier proche du seuil de transition.

Cela confirme la relation non linéaire entre l'effet de levier et le ROE1, avec un seuil critique autour de 0,73. Les entreprises doivent être prudentes à l'approche de ce niveau, car un effet de levier excessif peut les faire basculer dans un régime d'effet de levier élevé, où il impacte négativement le ROE1.

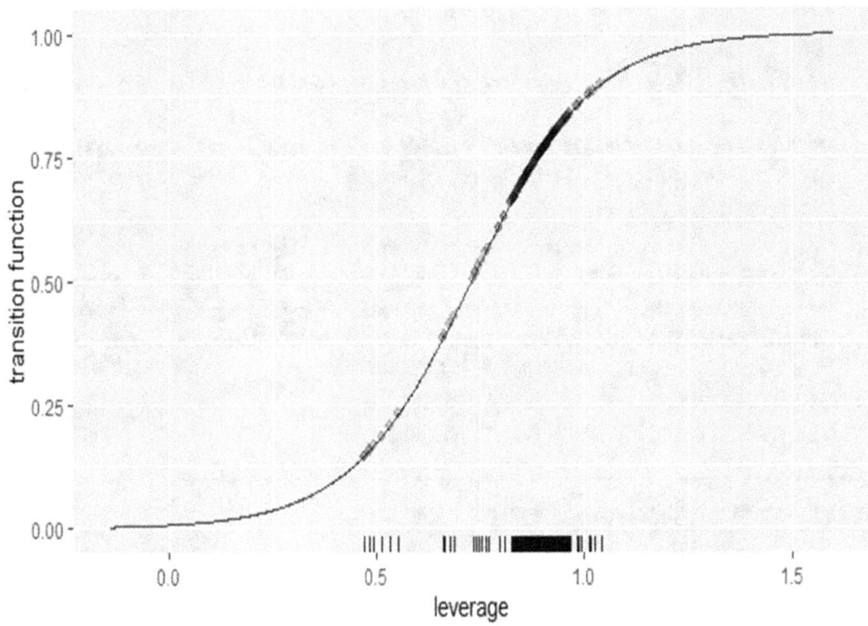

Figure 1 : Tracé de la fonction de transition

Les tests suivants vérifient respectivement si les coefficients estimés restent stables dans différents régimes et si une non-linéarité supplémentaire subsiste dans le modèle après avoir pris en compte les seuils détectés.

Pour le test des paramètres de stabilité, en cas d'instabilité, le modèle suggère des effets de seuil significatifs. Dans les résultats suivants, toutes les valeurs de p des statistiques (LM_X, LM_F, HAC_X, HAC_F) sont nulles (inférieures à 5 %), ce qui signifie que l'hypothèse nulle de paramètres constants est rejetée. Cela confirme l'existence d'effets de seuil significatifs dans le modèle, ce qui signifie que les différents régimes se comportent différemment.

Pour le test de non-linéarité restante (hétérogénéité), nous constatons que toutes les valeurs p sont nulles ; l'hypothèse nulle d'absence de non-linéarité supplémentaire est rejetée. Cela suggère que des effets non linéaires ou une hétérogénéité peuvent encore exister, ce qui signifie que le modèle pourrait nécessiter un affinement supplémentaire.

```
################################################################################
********************************************************************************
Results of the evaluation tests:
--------------------------------------------------------------------------------
Parameter constancy test
  m  LM_X PV  LM_F PV HAC_X PV HAC_F        PV
  1 473.8  0 53.91  0 139.7  0  15.9 2.22e-16
--------------------------------------------------------------------------------
WB and WCB parameter constancy test
  m WB_PV WCB_PV
  1     0      0
--------------------------------------------------------------------------------

No remaining nonliearity (heterogeneity) test
  m       LM_X PV       LM_F PV      HAC_X PV      HAC_F PV
  1 952200000  0 108400000  0 1.031e+09  0 117300000  0
********************************************************************************
################################################################################
```

4.2. Panel ARDL non linéaire

4.2.1. Panel ARDL asymétrique (Panel NARDL)

4.2.1.1. Présentation du panel NARDL

Le modèle de panel ARDL asymétrique est un cadre économétrique avancé qui étend le ARDL traditionnel afin de saisir les effets asymétriques des variables indépendantes sur la variable dépendante. Développé par Shin et al. (2014), le modèle NARDL est particulièrement utile pour analyser les relations non linéaires dans les données de séries chronologiques, où l'impact des variations positives et négatives d'une variable explicative peut différer. Le modèle NARDL de panel est une extension du modèle NARDL traditionnel. Il permet l'analyse des effets asymétriques dans un contexte de panel, où les données sont collectées auprès de plusieurs entités (par exemple, pays, entreprises, régions) et périodes. Ce modèle est particulièrement utile pour étudier les relations non linéaires et la dynamique asymétrique dans les ensembles de données de panel.

Le modèle Panel NARDL est spécifié comme suit :

$$y_{it} = \alpha_i + \rho_i y_{i,t-1} + \theta_i^+ x_{i,t-1}^+ + \theta_i^- x_{i,t-1}^- + \sum_{j=1}^{p-1} \phi_{ij} \Delta y_{i,t-j} + \sum_{j=0}^{q-1} (\beta_{ij}^+ \Delta x_{i,t-j}^+ + \beta_{ij}^- \Delta x_{i,t-j}^-) + \varepsilon_{it} \quad (4.14)$$

Où:

- y_{it}:Variable dépendante de l'entité i à l'instant t.
- x_{it}: Variable indépendante pour l'entité i à l'instant t.
- $x_{i,t}^+$et $x_{i,t}^-$: Sommes partielles positives et négatives de x_{it} , définies comme :

$$x_{it}^+ = \sum_{j=1}^{t} 1\{\Delta x_{i,j} > 0\}\Delta x_{i,j} \quad \text{et} \quad x_{it}^- = \sum_{j=1}^{t} 1\{\Delta x_{i,j} < 0\}\Delta x_{i,j}$$

- α_i:Effets fixes spécifiques à l'entité.
- ρ_i:Vitesse d'ajustement à l'équilibre à long terme pour l'entité i.
- θ_i^+et θ_i^-: Coefficients asymétriques à long terme pour l'entité i.
- β_{ij}^+et β_{ij}^- Coefficients asymétriques à court terme pour l'entité i.
- ε_{it}: Terme d'erreur.

Les paramètres du modèle sont estimés à l'aide de l'estimateur de pooled mean group (PMG) ou de l'estimateur à effets fixes (FE). L'estimateur PMG est couramment utilisé pour le panel NARDL, car il permet une hétérogénéité de la dynamique à court terme, mais impose une homogénéité des coefficients à long terme.

4.2.1.2. Application avec Stata

Dans cet exemple, nous étudions l'effet asymétrique de la consommation d'énergie renouvelable (REC) sur la performance bancaire (ROA) de 47 pays de l'OCDE sur la période 2000-2020. La variable REC est stationnaire, mais le ROA présente une racine unitaire.

Ici, nous fournissons le code Stata du NARDL pour les données de panel

```
xtset id, year, yearly

gen drec = D.rec

gen rec_pos = max(drec, 0)

gen rec_neg = min(drec, 0)

bysort id (year): gen rec_pos_cum = sum(rec_pos)

bysort id (year): gen rec_neg_cum = sum(rec_neg)


*****estimate PMG and MG

xtpmg roa L.roa L.rec_pos_cum L.rec_neg_cum year, ec(ec) lr(roa
rec_pos_cum rec_neg_cum) mg replace

xtpmg roa L.roa L.rec_pos_cum L.rec_neg_cum year, ec(ec) lr(roa
rec_pos_cum rec_neg_cum) pmg replace


**** Hausman test

hausman mg pmg , sigmamore

***** store the choosed method

est store  pmg


***** Wald test

test[ec]rec_pos_cum=[ec]rec_neg_cum *// long run

test[SR]l.rec_pos_cum=[SR]l.rec_neg_cum *// short run
```

```
. xtpmg roa L.roa L.rec_pos_cum L.rec_neg_cum, ec(ec) lr(roa rec_pos_cum rec_neg_cum) pmg replace technique(bfgs)

Pooled Mean Group Regression
(Estimate results saved as pmg)
```

```
Panel Variable (i): id                      Number of obs      =       940
Time Variable (t): year                     Number of groups   =        47
                                            Obs per group: min =        20
                                                           avg =      20.0
                                                           max =        20

                                            Log Likelihood     =  11315.57
```

roa	Coefficient	Std. err.	z	P>|z|	[95% conf. interval]	
ec						
rec_pos_cum	-3.23e-06	1.05e-07	-30.66	0.000	-3.44e-06	-3.02e-06
rec_neg_cum	7.93e-07	9.27e-08	8.56	0.000	6.12e-07	9.75e-07
SR						
ec	-1.000001	2.89e-07	3.5e+06	0.000	.9999999	1.000001
roa						
L1.	-1.59e-07	2.20e-07	-0.72	0.471	-5.90e-07	2.73e-07
rec_pos_cum						
L1.	-3.24e-06	2.24e-07	-14.42	0.000	-3.68e-06	-2.80e-06
rec_neg_cum						
L1.	2.16e-06	3.18e-07	6.81	0.000	1.54e-06	2.78e-06
_cons	-1.85e-06	4.51e-07	-4.11	0.000	-2.74e-06	-9.70e-07

Nous estimons le même modèle avec la méthode mg et nous exécutons le test de Hausman pour choisir la méthode PMG ou MG, l'hypothèse nulle est présentée comme suit :

$$H_0 : \text{différence non systematique des coefficients}$$

Les résultats donnent une statistique Chi2(2) = 0,67 avec une valeur p = 0,7165 indiquant que le PMG est la méthode appropriée.

Dans l'étape suivante, nous utilisons le test de Wald, où nous avons vérifié si les coefficients à long et à court terme de rec_pos_cum et rec_neg_cum sont égaux ou non. Nous avons constaté qu'à long terme, le rejet de H0 suggère que rec_pos_cum et rec_neg_cum ont des effets significativement différents dans l'équation à long terme. Cela implique que les valeurs positives et négatives de rec peuvent avoir des effets asymétriques dans le modèle de correction d'erreur de panel. À court terme, la p-value est égale à 0,000, ce qui indique que les valeurs positives et négatives de rec peuvent également avoir des effets asymétriques.

```
. test[ec]rec_pos_cum=[ec]rec_neg_cum

 ( 1)  [ec]rec_pos_cum - [ec]rec_neg_cum = 0

           chi2(  1) =  605.14
         Prob > chi2 =    0.0000
```

```
test[SR]l.rec_pos_cum=[SR]l.rec_neg_cum

 1)  [SR]L.rec_pos_cum - [SR]L.rec_neg_cum = 0

           chi2(  1) =  128.98
         Prob > chi2 =    0.0000
```

4.2.2. Le modèle TARDL (Threshold Panel Autoregressive Distributed Lag).

4.2.2.1. Présentation du modèle TARDL

Le modèle TARDL (Threshold Autoregressive Distributed Lag) a été introduit par Seo, Myoung-Jae et Yongcheol Shin (2016). Le modèle TARDL (Threshold Panel ARDL) est un outil puissant pour saisir les dynamiques complexes et les non-linéarités des données de panel. En permettant aux relations entre les variables de varier en fonction de certaines conditions ou seuils, il offre une compréhension plus nuancée des processus économiques ou financiers sous-jacents.

Le modèle TARDL également appelé modèle Threshold Panel ARDL, est un modèle économétrique utilisé pour analyser la relation entre les variables dans un contexte de données de panel présentant des non-linéarités et des effets de seuil. Ce modèle étend le modèle ARDL traditionnel en autorisant différents régimes ou comportements des variables selon qu'une variable observable franchit certains seuils.

Les composants du TARDL sont (i) des données de panel qui se composent de plusieurs entités (telles que des pays, des entreprises, des individus) observées au fil du temps. (ii) Structure du modèle ARDL : Le modèle ARDL intègre à la fois des variables dépendantes et des variables indépendantes retardées. Cela permet de capturer des relations dynamiques et des effets à court et à long terme. (iii) Effet de seuil : Le modèle introduit une ou plusieurs variables de seuil qui divisent les données en différents régimes. Le comportement de la variable dépendante peut changer selon que la variable de seuil est supérieure ou inférieure à certaines valeurs critiques.

Le modèle ARDL à seuil de panel combine la dynamique à long et à court terme de l'ARDL avec la structure de seuil non linéaire :

$$y_{it} = \sum_{j=1}^{p} \alpha_{ij} y_{it-j} + \sum_{k=0}^{q} \beta_{ik} x_{it-k} + \sum_{k=0}^{q} \theta_{ik} \Delta x_{it-k} + \lambda I(z_{it} > \gamma) + \varepsilon_{it} \qquad (4.15)$$

Où

- y_{it} est la variable dépendante de l'entité i à l'instant t.
- x_{it}est une variable indépendante pour l'entité i à l'instant t.
- z_{it} est la variable seuil pour l'entité i à l'instant t.
- γest la valeur seuil.
- I(·) est une fonction indicatrice qui est égale à 1 si la condition à l'intérieur est vraie et à 0 sinon.
- α_{ij} et β_{ik} sont les coefficients des variables dépendantes et indépendantes retardées, respectivement.
- θ_{ik} est le coefficient des variables indépendantes retardées et différenciées
- λ capture l'effet de seuil.
- ε_{it} est le terme d'erreur.

L'estimation du modèle panel TARDL commence par l'identification des variables et valeurs seuils. Cette première étape détermine les variables seuils potentielles et teste les effets de seuil afin de trouver les valeurs seuils appropriées. La deuxième étape consiste à estimer le modèle dans différents régimes . Nous séparons l'échantillon en régimes en fonction des valeurs seuils et estimons les paramètres du modèle ARDL pour chaque régime. À l'étape suivante, nous testons effets de seuil : Nous utilisons des tests statistiques tels que le test du rapport de vraisemblance pour déterminer si l'effet de seuil est statistiquement significatif.

Le mécanisme de correction d'erreur (ECM) peut être intégré pour analyser les effets à court et à long terme :

$$\Delta y_{it} = \phi_i (y_{it-1} - \beta x_{it}) + \sum_{j=0}^{p} \lambda_j \Delta y_{it-j} + \sum_{k=0}^{q} \delta_k \Delta x_{it-k} + \varepsilon_{it} \qquad (4.16)$$

Où

ϕ_i: vitesse d'ajustement (comment l'équilibre est rétabli)

$(y_{it-1} - \beta x_{it})$: terme de correction d'erreur (ECT)

L'estimateur PMG (Pesaran et al., 1999) suppose que les coefficients à long terme sont homogènes entre les unités, mais autorise une hétérogénéité à court terme. Cependant, l'estimateur MG permet aux coefficients à court et à long terme de varier entre les unités.

4.2.2.2. Application avec stata

Dans cette application, nous étudions l'impact du seuil de consommation d'énergies renouvelables sur la relation performance-financement vert (relation ROA-gf) dans 47 pays de l'OCDE sur la période 2000-2020. Les étapes d'estimation sont les suivantes :

- Estimer la valeur seuil par la commande xthreg Stata
  xthreg roa gdp gf, rx(rec) qx(gf)
- Définir la variable d'interaction

gen gf_high = gf * (rec> optimal threshold)

gen gf_low = gf * (rec <= optimal threshold)

- Estimer le PTARD avec la commande xtpmg
  xtpmg d.roa d.rec gdpp d.gf_high, lr(l.roa rec gdpp gf_high)
  et
  xtpmg d.roa d.rec gdpp d.gf_low, lr(l.roa rec gdpp gf_high)

```
. xthreg roa rec gdpp, rx(gf) qx(rec)
Estimating the threshold parameters:  1st ...... Done

Threshold estimator (level = 95):
```

model	Threshold	Lower	Upper
Th-1	13.4300	13.2800	13.5000

```
Pooled Mean Group Regression
(Estimate results saved as pmg)

Panel Variable (i): id                          Number of obs       =        940
Time Variable (t): year                         Number of groups    =         47
                                                Obs per group: min  =         20
                                                               avg  =       20.0
                                                               max  =         20

                                                Log Likelihood      =   -537.304
```

D.roa	Coefficient	Std. err.	z	P>|z|	[95% conf.	interval]
__ec						
rec	.3842576	.002951	3.56	0.000	.270079	.6804134
gdpp	215.0636	46.88934	4.59	0.000	306.965	123.1622
gf_high	.201891	.0006927	3.51	0.000	.1307476	.4606311
SR						
__ec	-.6805091	.0384273	-17.71	0.000	-.7558252	-.6051931
rec						
D1.	.0823615	.0609858	1.35	0.177	-.0371684	.2018914
gdpp	146.4546	8.270079	17.71	0.000	130.2455	162.6636
gf_high						
D1.	.029407	.0248688	1.18	0.237	-.019335	.078149
_cons	.2956894	.0841555	3.71	0.000	.1307476	.4606311

D'après les résultats ci-dessus, le modèle suggère que, dans le régime où REC dépasse le seuil, à long terme, rec, gdpp et gf_high sont des prédicteurs significatifs de la variable dépendante. À court terme (SR), gdpp est un des prédicteurs significatifs, tandis que rec et gf_high , à court terme,ne semblent pas avoir d'effet significatif. Le terme de correction d'erreur est négatif et significatif, ce qui indique la validité du modèle.

```
(Estimate results saved as pmg)

Panel Variable (i): id                            Number of obs       =       940
Time Variable (t): year                           Number of groups    =        47
                                                  Obs per group: min  =        20
                                                                 avg  =      20.0
                                                                 max  =        20

                                                  Log Likelihood      = -535.1994
```

D.roa	Coefficient	Std. err.	z	P>|z|	[95% conf.	interval]
__ec						
rec	.001672	.0029301	0.57	0.568	-.0074149	.0040708
gdpp	532.2488	115.9926	4.59	0.000	759.5901	304.9075
gf_high	.0001542	.0006855	0.22	0.822	-.0014978	.0011895
SR						
__ec	-.6806313	.0389165	-17.49	0.000	-.7569063	-.6043564
rec						
D1.	.0842224	.0627889	1.34	0.180	-.0388415	.2072864
gdpp	362.3667	20.71883	17.49	0.000	321.7585	402.9749
gf_low						
D1.	.0574563	.0491246	1.17	0.242	-.0388261	.1537386
_cons	.305978	.0832997	3.67	0.000	.1427136	.4692424

Les résultats ci-dessus montrent qu'en régime REC faible, le modèle suggère qu'à long terme, gdpp est un prédicteur significatif de la variable dépendante, tandis que rec et gf_high ne le sont pas. À court terme (SR), la correction d'erreur gdpp est un prédicteur significatif, tandis que rec et gf_low ne le sont pas. La correction d'erreur (_ec)est négative et significative.

4.3. Régression quantile pour les données de panel

4.3.1. Régression quantile traditionnelle de données de panel

4.3.1.1. Aperçu de la régression quantile du panel

La régression quantile, introduite par Koenker et Bassett (1978), modélise les quantiles conditionnels de la variable dépendante y à partir d'un ensemble de covariables X. Contrairement à la régression par les moindres carrés ordinaires (MCO), qui estime la moyenne conditionnelle, la régression quantile estime la médiane conditionnelle ou d'autres quantiles (par exemple, 0, 1, 0, 2, …, 0, 9). La régression quantile de panel étend la régression quantile pour tenir compte des effets individuels non observés (αi) dans les données de panel. Le modèle peut s'écrire comme suit :

$$Q_{y_{it}}(\tau \mid X_{it}, \alpha_i) = X_{it}\beta(\tau) + \alpha_i \qquad (4.17)$$

où:

$\alpha_i$capture l'hétérogénéité non observée (effets fixes) spécifique à l'individu i ,$\beta(\tau)$ est le vecteur de coefficients pour le τ-ième quantile. $Q_{y_{it}}(\tau \mid X_{it}, \alpha_i)$ est le τ-ième quantile de la distribution conditionnelle de yit, et Xit représente les variables explicatives.

Essentiellement, la régression quantile du panel permet d'estimer **différents quantiles conditionnels** tout en contrôlant l'hétérogénéité entre les entités.

Hypothèses :

1. Effets hétérogènes : L'effet des variables explicatives peut varier selon les quantiles de la distribution de la variable dépendante. Par exemple, une variable de revenu peut avoir un effet plus important sur les ménages à revenu élevé (quantiles supérieurs) que sur les ménages à faible revenu (quantiles inférieurs).

2. Hétérogénéité non observée : le modèle intègre des effets individuels non observés α_i qui peuvent être modélisés sous forme d'effets fixes (EF) ou d'effets aléatoires (RE) :

   - Effets fixes : suppose que l'hétérogénéité non observée est corrélée aux variables explicatives.
   - Effets aléatoires : suppose que l'hétérogénéité non observée n'est pas corrélée aux variables explicatives.

3. Robustesse aux valeurs aberrantes : L'un des principaux avantages de la régression quantile est sa robustesse aux valeurs aberrantes. Comme elle se concentre sur des quantiles spécifiques, elle permet de mieux gérer les situations où les valeurs extrêmes influencent de manière disproportionnée les résultats de la régression MCO traditionnelle.

4. Estimation de plusieurs quantiles : la régression quantile de panel peut être étendue pour estimer plusieurs quantiles simultanément, offrant une vue plus complète des effets de distribution des variables explicatives.

4.3.1.2. Estimation Méthodes

L'estimation des modèles de régression quantile de panel est difficile en raison de la présence d'effets fixes (α_i). Plusieurs approches ont été développées :

- *Régression quantile à effets fixes*

Cette approche traite α_i comme paramètres à estimer. Le modèle est :

$$Q_{y_{it}}(\tau \mid X_{it}, \alpha_i) = X_{it}\beta(\tau) + \alpha_i \tag{4.18}$$

L'estimation nécessite de résoudre :

$$\min_{\beta(\tau),\alpha_i} \sum_{i=1}^{N} \sum_{t=1}^{T} \rho_\tau(y_{it} - X_{it}\beta(\tau) - \alpha_i) \tag{4.19}$$

Où $\rho_\tau(u) = u(\tau - I(u < 0))$ est la fonction de vérification.

- *Régression quantile à effets aléatoires*

L'estimation de la régression quantile à effets aléatoires implique l'intégration des effets aléatoires et la résolution du problème de régression quantile. La fonction objective est :

$$\min_{\beta(\tau),\alpha_i} \sum_{i=1}^{N} \sum_{t=1}^{T} \rho_\tau(y_{it} - X_{it}\beta(\tau) - \alpha_i) \tag{4.20}$$

Où $\rho_\tau(u) = u(\tau - I(u < 0))$ est la fonction de vérification.

$\alpha_i$est traité comme une variable aléatoire avec une distribution spécifiée.

4.3.1.3. Application avec Stata

Dans cette application, nous étudions l'impact du ROA sur la performance ESG dans le cas de 500 entreprises américaines sur la période 2000-2020.

```
xtqreg esg roa cash size, quantile(0.1(0.1) 0.9)
```

- esg est la variable dépendante.
- Le ROA, la trésorerie et la taille sont des variables indépendantes.

- quantile(0.1(0.1)0.9) spécifie que le modèle doit être estimé pour les quantiles de 0,1 à 0,9 par incréments de 0,1 (c'est-à-dire 0,1, 0,2, 0,3, ..., 0,9).

.1 Quantile regression

	Coefficient	Std. err.	z	P>|z|	[95% conf.	interval]
roa	-.1251082	.0581875	-2.15	0.032	-.2391536	-.0110628
cash	.0023869	.0005173	4.61	0.000	.0013731	.0034007
size	.9047603	.1474696	6.14	0.000	.6157251	1.193795

.9 Quantile regression

	Coefficient	Std. err.	z	P>|z|	[95% conf.	interval]
roa	-.1446011	.0390783	-3.70	0.000	-.2211931	-.0680091
cash	.0008715	.0003472	2.51	0.012	.0001909	.0015521
size	2.168787	.0986287	21.99	0.000	1.975478	2.362095

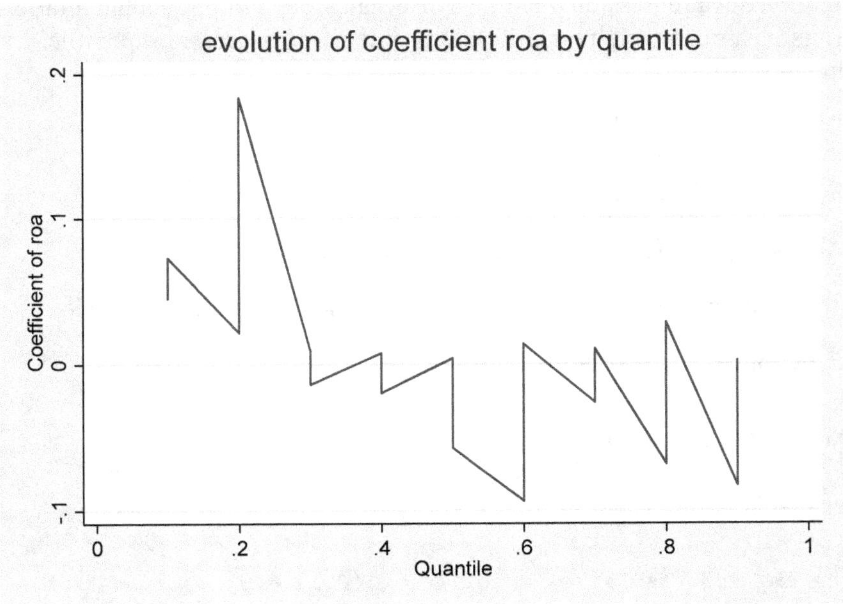

Nous fournissons ici un fichier do de la régression quantile du panel et des courbes de coefficients. La commande Stata pour l'estimation du modèle quantile du panel est qregpd.

```
gen quantile = .
gen coef_roa = .
gen coef_size = .
gen coef_cash = .
forvalues q = 0.1(0.1)0.9 {
   qregpd esg  roa size cash, quantile(`q') id(firm) fix(time)
    local row = `=round(`q'*10, 1)'   // Ligne correspondante dans la table
fix(date)
   replace quantile = `q' in `row'
   replace coef_roa = _b[roa] in `row'
   replace coef_size = _b[size] in `row'
   replace coef_cash= _b[CH] in `row'
        }
**** plot of coefficient of one variable
twoway (line coef_roa quantile, sort lcolor(blue) lwidth(medium)), ///
   title("evolution of coefficient roa by quantile") ///
   xtitle("Quantile") ytitle("Coefficient of roa")
*****plot of all coefficient in the same  graph
twoway   (line coef_roa quantile, sort lcolor(red) lwidth(medium)) ///
         (line coef_size quantile, sort lcolor(orange) lwidth(medium)) ///
    (line coef_cash quantile, sort lcolor(purple) lwidth(medium)), ///
   title("coefficients evolution by quantile") ///
   xtitle("Quantile") ytitle("Coefficients") ///
   legend(order(1 "roa" 2 "size" 3 "cash" ))
*****   plot of coefficients in separated graph
twoway (line coef_roa quantile, sort lcolor(blue) lwidth(medium)), ///
   title("roa") ///
```

```
  xtitle("Quantile") ytitle("Coefficient") name(graph_roa, replace)
twoway (line coef_size quantile, sort lcolor(red) lwidth(medium)), ///
  title("size") ///
  xtitle("Quantile") ytitle("Coefficient") name(graph_size, replace)
twoway (line coef_cash quantile, sort lcolor(green) lwidth(medium)), ///
  title("cash") ///
  xtitle("Quantile") ytitle("Coefficient") name(graph_cash, replace)
```

4.3.2. Régression de panel quantile à distance minimale (MDQPR)

4.3.2.1. Cadre théorique

La régression quantile à distance minimale (MDQPR) est une approche alternative à la régression quantile qui vise à minimiser la distance entre les valeurs observées et prédites de la variable dépendante pour un quantile donné. Cette technique peut être particulièrement utile dans les situations où les méthodes traditionnelles de régression quantile peuvent s'avérer peu pratiques ou inefficaces, notamment dans les ensembles de données complexes ou lors de l'utilisation de fonctions de perte non standard.

La régression quantile est généralement utilisée pour estimer la fonction quantile conditionnelle d'un quantile donné (tel que la médiane, le 25e percentile, etc.). Cependant, l'approche standard (programmation linéaire) peut présenter des difficultés de calcul, notamment avec de grands ensembles de données ou lors du traitement simultané de plusieurs quantiles.

MDQPR améliore la régression quantile traditionnelle en minimisant une mesure de distance entre les quantiles empiriques et théoriques, qui est généralement formulée comme la distance minimale entre le quantile des données et les prédictions du modèle.

Galvao, AF et L. Wang (2015) et Blaise Melly et Martina Pons (2022, 2025) supposent que le τ-ième quantile conditionnel de y_{it}l'individu I peut être présenté par

$$Q(\tau, y_{it} \mid X_{1,it}, X_{2,i}, v_i) = X'_{1,it}\beta(\tau) + X'_{2,i}\gamma(\tau) + \alpha(\tau, v_i) \qquad (4.21)$$

Où

- $X_{1,it}$ est un vecteur K $_1$ -dimensionnel de variables variant dans le temps.

- $X_{2,i}$est un vecteur K $_2$-dimensionnel de variables constantes dans le temps (inclut une constante).
- v_i est un vecteur aléatoire non observé.
- $X_{1,it}$ *and* $X_{2,i}$sont potentiellement corrélés avec $\alpha(\tau, v_i)$ facteurs individuels non observés avec [$E[\alpha(\tau, v_i)] = 0$.
- z_{it}est un vecteur L-dimensionnel d'instruments valides, $E[z_{it}\alpha(\tau, v_i)] = 0$.

Dans la première étape, ils régressent y_{it} sur les variables variantes dans le temps en utilisant une régression quantile pour chaque individu i et quantile τ.

$$\hat{\beta}_i(\tau) \equiv \left(\hat{\beta}_{0,i}, \hat{\beta}'_{1,i}\right)'$$
$$= \underset{(b_0,b_1)\in R^{k_1+1}}{\arg\min} \frac{1}{T}\sum_{t=1}^{T} \rho_\tau(y_{it} - b_0$$
$$- X'_{1it}b_1) \qquad (4.22)$$

Où $\rho_\tau(X) = (\tau - 1\{X < 0\})X$est $X \in R$la fonction de vérification

Dans la deuxième étape, ils régressent les valeurs ajustées de la première étape sur toutes les variables en utilisant GMM avec la condition $E[g_i(\delta, \tau)] = 0$, où$g_i(\delta, \tau) = Z_i\left(\hat{Y}_i(\tau) - X_i\delta(\tau)\right)$.

$$\hat{\delta}\left(\widehat{W}, \tau\right) = \left(X'Z\widehat{W}(\tau)Z'X\right)^{-1}X'Z\widehat{W}(\tau)Z'\hat{Y}(\tau) \qquad (4.23)$$

$\widehat{W}(\tau)$est une matrice de pondération symétrique Lx L et$\delta = ((\beta', \gamma')'$

Ils supposent que le nombre de périodes de temps diverge vers l'infini sinon le biais d'échantillon fini de la régression quantile domine. Le taux de convergence des éléments de $\hat{\delta}$ (·) dépend (i) de la présence ou non d'hétérogénéité non observée et (ii) du type de variation qui identifie le coefficient : instruments variant dans le temps ou constants dans le temps. La distribution asymptotique du premier ordre peut donner une mauvaise approximation du comportement d'échantillon fini des estimateurs. Ils montrent que les erreurs types groupées appliquées aux valeurs ajustées tiennent automatiquement compte de la variance d'échantillonnage résultant des deux étapes de l'estimation. En utilisant ces estimations de variance groupées, ils obtiennent un estimateur GMM efficace et une procédure d'inférence adaptative.

Chetverikov et al. (2016) considèrent un modèle de régression quantile groupé , qui s'intègre dans la configuration ci-dessus. Ils s'intéressent uniquement à $\delta(\tau)$. Ils suggèrent un estimateur différent en deux étapes : 1) Pour chaque i et quantile τ , régresser le y_{it} en $X_{1,it}$ utilisant la régression quantile. 2) Régresser l'intercept de la première étape sur les variables X_{2i} avec la méthode des MCO ou la méthode des deux étapes, en utilisant une observation par groupe

Dans leurs études empiriques avec Stata, ils utilisent

mdqr depvar [varlist exo (varlist endo = varlist iv)], groupe(groupvar) [options]

où

- varlist exo est la liste des variables exogènes
- varlist endo la liste des variables endogènes
- varlist iv est la liste des variables exogènes exclues utilisées comme instruments pour varlist end
- group(var) spécifie la ou les variables définissant les groupes. Cette option est obligatoire. varlist peut contenir des variables numériques, des variables de chaîne ou une combinaison des deux.
- quantiles(numlist) : quantile(s), la valeur par défaut est 0,5

4.3.2.2. Application avec Stata

Nous utilisons la même base de données que l'application ci-dessus et nous essayons de vérifier l'effet de ROA, size et cash holding (cash) sur la performance ESG.

```
. mdqr esg roa size  cash  , group(firm) quantile(0.1 (0.1)0.9)

Minimum distance quantile regression
No. of obs.                   7568
1st stage estimation :        qrprocess
2nd stage estimation :        regress
Variance :                    clustered robust
```

esg	Coef.	Std. Err.	t	P>|t|	[95% Conf.	Interval]
Quant. 0.1						
roa	.1150467	.0578308	1.99	0.047	.0017005	.2283929
size	2.337117	.1363417	17.14	0.000	2.069892	2.604342
cash	.0009004	.0004584	1.96	0.050	1.91e-06	.0017988
_cons	-20.96349	2.997745	-6.99	0.000	-26.83896	-15.08801

Quant. 0.8						
roa	.1151726	.0441678	2.61	0.009	.0286054	.2017398
size	2.938846	.0897435	32.75	0.000	2.762952	3.114741
cash	.0004016	.000387	1.04	0.299	-.000357	.0011601
_cons	-12.79424	2.170636	-5.89	0.000	-17.04861	-8.539874
Quant. 0.9						
roa	.1094347	.0422736	2.59	0.010	.0265799	.1922895
size	2.944362	.087039	33.83	0.000	2.773769	3.114955
cash	.0003468	.0003809	0.91	0.363	-.0003999	.0010934
_cons	-10.42365	2.065948	-5.05	0.000	-14.47284	-6.374471

Les auteurs ont également utilisé **xtmdqr depvar [indepvars], [fe be re options]**

où

- xtmdqr nécessite qu'une variable de panel ait été définie avec xtset.
- fe : l'estimateur à effets fixes
- be : l'estimateur between
- re: l'estimateur d'effets aléatoires
- quantiles(numlist) : quantile(s), la valeur par défaut est 0,5

```
. xtmdqr esg roa size cash, fe

Minimum distance quantile regression
No. of obs.                 7568
1st stage estimation :      qrprocess
2nd stage estimation :      ivregress 2sls
Variance :                  clustered robust
```

esg	Coef.	Std. Err.	t	P>|t|	[95% Conf.	Interval]
Quant. 0.1						
roa	-.1788664	.059099	-3.03	0.002	-.2946984	-.0630345
size	.7370794	.1200814	6.14	0.000	.5017241	.9724346
cash	.0022101	.000471	4.69	0.000	.0012869	.0031333
_cons	14.1344	2.800743	5.05	0.000	8.645046	19.62376
Quant. 0.25						
roa	-.1441473	.0548945	-2.63	0.009	-.2517386	-.036556
size	.9694793	.1274913	7.60	0.000	.719601	1.219358
cash	.0018434	.0004009	4.60	0.000	.0010577	.0026291
_cons	14.9666	2.867247	5.22	0.000	9.346901	20.5863
Quant. 0.9						
roa	-.0989534	.0396932	-2.49	0.013	-.1767507	-.0211561
size	2.27861	.1068383	21.33	0.000	2.06921	2.488009
cash	.0009238	.000327	2.83	0.005	.0002829	.0015646
_cons	4.788462	2.521852	1.90	0.058	-.154277	9.731202

Dans le cas de l'estimation de l'effet aléatoire ou estimateurs between , nous pouvons remplacer l'option fe par respectivement re ou be.

4.3.3. Régression quantile sur quantile de panel

4.3.3.1. Aperçu de la régression quantile sur quantile

La régression quantile sur quantile (QQ) est une approche novatrice pour l'analyse bivariée. Introduite par Sim et Zhou (2015), elle est considérée comme un mélange de régression quantile (RQ) conventionnelle et d'estimation non paramétrique. Elle fournit des informations plus riches et plus complètes que ces méthodes d'estimation et comble également leurs lacunes. L'approche QQ est performante dans un environnement asymétrique, prend en compte les ruptures structurelles et examine une relation exhaustive entre les quantiles inférieurs et supérieurs des séries de données. Elle offre une image plus réaliste de l'analyse que les autres méthodes conventionnelles. L'approche de régression quantile (RQ) conventionnelle, présentée par Koenker et Bassett (1978), est elle-même considérée comme une forme étendue du modèle de régression classique, mais plus complète dans le sens où elle mesure l'impact d'une variable indépendante non seulement sur le centre de la variable dépendante, mais aussi sur ses extrémités. L'approche QR conventionnelle ne permet pas d'établir une dépendance complète entre les variables. Bien qu'elle prenne en compte l'hétérogénéité de la relation, elle néglige parfois le rôle de l'incertitude dans l'estimation de l'association entre variables indépendantes et dépendantes. La régression quantile (RQ) présente de nombreux avantages, notamment son adéquation aux modèles hétéroscédasticités. Ses estimateurs sont insensibles aux valeurs aberrantes ; ils sont donc plus robustes, et elle utilise efficacement les données temporelles et transversales pour accroître la variabilité des données et réduire la multicolinéarité. Malgré ses nombreux avantages, la technique de régression quantile présente une sérieuse limite : elle est inefficace pour décrire la dépendance complète des variables. Par conséquent, dans ce cas, les économètres suggèrent d'utiliser la technique des MCO présentée par Stone (1977) et Cleveland (1979), qui considère l'effet local des quantiles d'une variable explicative sur la variable expliquée. En guise d'alternative, l'utilisation de la régression linéaire locale permet d'éviter le seul problème de l'estimation non paramétrique : « le fléau de la dimensionnalité (the curse of dimensionality) ». Elle détermine la régression locale autour de chaque point de données de l'échantillon en accordant une pondération plus importante au voisin immédiat. Ainsi, en combinant les deux approches mentionnées ci-dessus, nous pouvons évaluer l'association entre différents quantiles des variables dépendantes et indépendantes.

Français Comme discuté dans Koenker (2014) : (i) la régression quantile offre une extension de l'estimation quantile univariée à l'estimation des fonctions quantiles conditionnelles via une optimisation d'une fonction objective linéaire par morceaux dans les résidus, (ii) le calcul des estimateurs de régression quantile peut être formulé comme un problème de programmation linéaire et résolu efficacement par des méthodes simplex ou barrière. Le principal avantage de la régression QQ par rapport aux méthodes de régression linéaire classique ou même non linéaire, est qu'elle fournit une analyse plus précise et plus exacte des relations stochastiques entre les variables aléatoires. Lorsqu'il est appliqué aux données de panel, le cadre de régression QQ prend en compte les variations transversales et temporelles, ce qui le rend plus robuste pour capturer les dépendances distributionnelles à travers différents niveaux de quantiles.

4.3.3.2. Fondement conceptuel

Dans une régression quantile de panel standard, nous estimons les quantiles conditionnels d'une variable dépendante Y_{it}étant donné un ensemble de variables explicatives X_{it} comme suit :

$$Q_\tau(Y_{it} \mid X_{it}) = X_{it}\beta_\tau + \varepsilon_{it}, i = 1, \dots, N, t1, \dots, T \quad (4.24)$$

Où

$Q_\tau(Y_{it} \mid X_{it})$ est le τ-ième quantile de Y_{it}, X_{it} est β_τ le coefficient spécifique du quantile et ε_{it} est le terme d'erreur.

Cela suppose que la relation entre Y_{it} et X_{it}est linéaire au sein d'un niveau de quantile donné. Le quantile sur quantile (QQR) étend cette approche en montrant comment différents quantiles de Y_{it} réagissent à différents quantiles de X_{it} capturant ainsi les dépendances non linéaires.

Le modèle QQR pour les données de panel est donné par :

$$Q_\tau\left(Y_{it} \mid X_{it}^\theta\right) = X_{it}^\theta\beta_{\tau,\theta} + \varepsilon_{it}, i = 1, \dots, N, t1, \dots, T \quad (4.25)$$

Où

X_{it}^θ niveau θconditionnel des quantiles ar X_{it}, $\beta_{\tau,\theta}$représente la dépendance du τ-ième quantile de Y_{it} sur le θ-ième quantile de X_{it}. θ représente différents quantiles de X_{it}, nous permettant d'évaluer comment différentes distributions de la variable indépendante affectent la distribution conditionnelle de Y_{it}.

L'estimation de la régression QQ dans les données de panel implique :

- Calcul des quantiles : Tout d'abord, les quantiles empiriques de Y_{it}et X_{it}sont obtenus.
- Régression linéaire locale : pour chaque combinaison de τ et θ, un modèle de régression linéaire locale est estimé, capturant la structure de dépendance.
- Considération des effets fixes ou des effets aléatoires : Dans les données de panel, l'hétérogénéité individuelle peut être contrôlée à l'aide de :
  - Effets fixes (EF) : contrôle de l'hétérogénéité invariante dans le temps entre les individus.
  - Effets aléatoires (RE) : suppose que les effets individuels ne sont pas corrélés avec les régresseurs.

4.3.3.3. Application avec Stata

Dans ce cas, nous utilisons la même base de données que les deux applications précédentes et étudions les effets des quantiles ROA sur les quantiles ESG. Nous fournissons d'abord le code Stata, puis les résultats.

Code Stata

```
xtset id time

egen q_x = xtile(roa), nq(10) by(id)  // Creates 10 quantiles of x within each panel id

*** Run Quantile-on-Quantile Panel Regression

gen q = .

local i = 1

gen quantile = .

foreach q in 0.10 0.20 0.30 0.40 0.50 0.60 0.70 0.80 0.90 {

        replace quantile = `q'

   qregpd esg q_x  size cash, quantile(`q') id(id) fix(time)

   matrix coef_`i' = e(b)  // Store coefficients

   matrix V_`i' = e(V)      // Store standard errors

   cap drop b_* se_*  // Drop old variables to avoid conflicts

   svmat coef_`i', names(b_q`i'_)  // Save coefficients as variables

   svmat V_`i', names(se_q`i'_)    // Save standard errors as variables

     save coef_q`i'.dta, replace  // Save results for this quantile

   local i = `i' + 1

}

*** Merge Results into One File

* Assuming your current dataset is already loaded

* Assuming your dataset is already in memory

append using coef_q1.dta
```

```
* Loop through the remaining quantiles and append
forvalues i = 2/4 {
   append using coef_q`i'.dta
}
* Save the combined dataset (if needed)
save coef_all.dta, replace
***Rename Variables to Their Correct Names
local i = 1
foreach q in 0.10 0.25 0.50 0.75 0.90 {
   rename b_q`i'_1 b_q`q'_q_x
   rename b_q`i'_2 b_q`q'_size
   rename b_q`i'_4 b_q`q'_cash
   local i = `i' + 1
}
**** Plot the Coefficients
use coef_all.dta, clear  // Load the merged dataset
coefplot (b_q1_1)(b_q1_2)(b_q1_3///
   vertical keep(q_x  size cash) ///
   xlabel(1 "10th" 2 "25th" 3 "50th" 4 "75th" 5 "90th") ///
   title("Quantile-on-Quantile Panel Regression Coefficients") ///
   ytitle("Coefficient Estimate") xtitle("Quantiles of Y")
```

Résultats

```
Quantile Regression for Panel Data (QRPD)
     Number of obs:                 7568
     Number of groups:               473
     Min obs per group:               16
     Max obs per group:               16
```

esg	Coefficient	Std. err.	z	P>|z|	[95% conf. interval]	
q_x	.0100496	.1668485	2.49	0.013	.1767507	.0211561
size	5.018567	.1803254	27.83	0.000	4.665136	5.371999
cash	.0005234	.0011454	0.46	0.648	-.0017215	.0027683

```
No excluded instruments - standard QRPD estimation.
file coef_q.dta saved
```

Les résultats de l'estimation montrent que les quantiles du Roa influencent positivement le quantile 0,01 de l'ESG. La taille de l'entreprise a un effet positif important et significatif sur la variable dépendante, tandis que l'ESG présente un effet positif faible mais significatif. Les liquidités détenues ne semblent pas influencer le résultat à ce quantile. Ces résultats mettent en évidence la variation des relations entre les variables selon les quantiles de la distribution.

```
Quantile Regression for Panel Data (QRPD)
     Number of obs:                 7568
     Number of groups:               473
     Min obs per group:               16
     Max obs per group:               16
```

esg	Coefficient	Std. err.	z	P>|z|	[95% conf. interval]	
q_x	-.0004578	.0430434	-0.01	0.992	-.0848213	.0839058
size	2.334218	.0662404	35.24	0.000	2.20439	2.464047
cash	.0003052	.0001157	2.64	0.008	.0000784	.0005319

```
No excluded instruments - standard QRPD estimation.
file coef_q8.dta saved
```

Le tableau ci-dessus présente les résultats d'une régression quantile sur quantile pour les données de panel au quantile ESG 0,09. Les résultats montrent que les quantiles du ROA influencent négativement le quantile ESG 0,09. La taille de l'entreprise a un effet positif important et significatif, et les liquidités détenues influencent également positivement le résultat à ce quantile.

Conclusion

Ce chapitre présente une analyse théorique approfondie des modèles de données de panel non linéaires, notamment le PTR, le PSTR, l'ARDL à seuil et la régression quantile. Ces modèles améliorent l'analyse traditionnelle des données de panel en intégrant les changements structurels, les relations dépendantes du régime et les effets asymétriques, ce qui les rend particulièrement efficaces pour saisir des schémas économiques et financiers complexes.

En combinant connaissances théoriques et applications pratiques, nous avons démontré comment ces modèles peuvent être utilisés pour analyser les dynamiques non linéaires, les transitions graduelles ou abruptes et les réponses hétérogènes entre les panels. Leur adaptabilité en fait des outils puissants pour étudier des phénomènes tels que les seuils politiques, la convergence économique et les réactions asymétriques aux chocs.

En intégrant la théorie aux applications empiriques, ce chapitre fournit une base pour une exploration plus approfondie des méthodologies de données de panel non linéaires dans divers domaines de recherche.

Références

- Anderson, T., and C. Hsiao. (1981). Estimation of Dynamic Models with Error components. Journal of the American Statistical Association 76(375): 598–606.
- Anselin, L. (1988). *Spatial Econometrics: Methods and Models.* Dordrecht: KluwerAcademic.
- Anselin, L., J. Le Gallo, and H. Jayet. (2008). "Spatial Panel Econometrics," in *TheEconometrics of Panel Data*, 3rd ed., edited by L. M´aty´as and P. Sevestre, pp. 625–60. Berlin: Springer-Verlag.
- Arellano, M., and S. Bond. (1991). Some tests of specification for panel data: Monte Carlo evidence and an application to employment equations. Review of Economic Studies 58: 277–297.
- Arellano, M., and O. Bover. (1995). Another look at instrumental variables estimation of error-component models. Journal of Econometrics 68: 29–51.
- Bai, J. and Ng, S. (2000), Determining the Number of Factors in Approximate Factor Models, forthcoming in Econometrica.
- Bai, J., and S. Ng. (2002). "Determining the Number of Factors in Approximate Factor Models." *Econometrica*, 70, 191–221.
- Bai, J., & Ng, S. (2004). A Panic Attack on Unit Roots and Cointegration. Econometrica, 72, 1127-1177. https://doi.org/10.1111/j.1468-0262.2004.00528.x
- Baltagi, B.H., and C. Kao. (2000). "Nonstationary Panels, Cointegration in Panels and Dynamic Panels, A Survey in Nonstationary Panels, Panel Cointegration and Dynamic Panels," *Advances in Econometrics*, Vol. 15, edited by B. Baltagi, pp. 7–52. Amsterdam: JAI Press.
- Baltagi, B.H., S. Song, B. Jung, and W. Koh. (2007). "Testing for Serial Correlation, Spatial Autocorrelation and Random Effects Using Panel Data." *Journal of Econometrics*, 140, 5–51.
- Banerjee, A. (1999). "Panel Data Unit Roots and Cointegration: An Overview." *Oxford Bulletin of Economics and Statistics*, 61, 607–29.
- Blundell, R., and S. Bond. (1998). Initial conditions and moment restrictions in dynamic panel-data models. Journal of Econometrics 87: 115–143.
- Breitung, J., and S. Das. (2008). "Panel Unit Roots Under Cross Sectional Dependence."*Statistica Nerrlandica*, 59, 414–33.
- Breusch, T.S. and Pagan, A.R. (1980) The Lagrange Multiplier Test and Its Application to Model Specification in Econometrics. Review of Economic Studies, 47, 239-253. https://doi.org/10.2307/2297111

- Breitung, J., and M.H. Pesaran. (2008). "Unit Roots and Cointegration in Panels," in *The Econometrics of Panel Data*, edited by L. Matyas and P. Sevestre, pp. 279–322.Berlin: Springer-Verlag.
- Canay, I.A (2011).A simple approach to quantile regression for panel data, The Econometrics Journal, Volume 14, Issue 3, 1 October 2011, Pages 368–386, https://doi.org/10.1111/j.1368-423X.2011.00349.x
- Caner, M. and Hansen, B.E. (2004) Instrumental Variable Estimation of a Threshold Model. Econometric Theory, 20, 813-843. https://doi.org/10.1017/S0266466604205011
- Chang, Y. (2002). "Nonlinear IV Unit Root Tests in Panels with Cross-Sectional Dependency." *Journal of Econometrics*, 110, 261–92.
- Chetverikov . D, Larsen . B ,and Palmer.C (2016). IV Quantile Regression for Group-Level Treatments, With an Application to the Distributional Effects of Trade. Journal of Econometrica Society, 21 March 2016, https://doi.org/10.3982/ECTA12121
- Cleveland, W. (1979) Robust Locally Weighted Regression and Smoothing Scatterplots. Journal of the American Statistical Association, 74, 829-836. http://dx.doi.org/10.1080/01621459.1979.10481038
- Colletaz, G and Hurlin, C.(2006). "Threshold Effects of the Public Capital Productivity : An International Panel Smooth Transition Approach," Working Papers halshs-00008056, HAL.
- Dickey,D.A., andW.A. Fuller. (1979). "Distribution of the Estimators for Autoregressive Time Series with a Unit Root." *Journal of the American Statistical Association*, 74,427–31.
- Fisher, R.A. (1932). *Statistical Methods for ResearchWorkers*, 4th ed. Edinburgh: Oliver and Boyd.
- Frees, E. W. 1995. Assessing cross-sectional correlation in panel data. Journal of Econometrics 69: 393–414. 496
- Frees, E. W 2004. Longitudinal and Panel Data: Analysis and Applications in the Social Sciences. Cambridge: Cambridge University Press.
- Friedman, M. 1937. The use of ranks to avoid the assumption of normality implicit in the analysis of variance. Journal of the American Statistical Association 32: 675–701.
- Galvao, Antonio F. & Wang, Liang, 2015. "Efficient minimum distance estimator for quantile regression fixed effects panel data," Journal of Multivariate Analysis, Elsevier, vol. 133(C), pages 1-26.
- Godfrey, L. G. (1978). Testing Against General Autoregressive and Moving Average Error Models When the Regressors Include Lagged Dependent Variables. Econometrica, 46, 1293-1302. https://doi.org/10.2307/1913829
- González, A. Teräsvirta, T , Dick, V.D, & Yang, Y, (2005). "Panel Smooth Transition Regression Models," SSE/EFI Working Paper Series in Economics and Finance 604, Stockholm School of Economics, revised 11 Oct 2017.

- Gourieroux, C., and J. Jasiak. (2000). “Nonlinear Panel Data Models with Dynamic Heterogeneity,” in *Panel Data Econometrics*, edited by J. Krishnakumar and E. Ronchetti, pp. 127–48. Amsterdam: North-Holland.
- Gourieroux, C., and A. Monfort. (1996). *Simulation*-Mundlak, Yair (1961). Empirical Production Function Free of Management Bias. Journal of Farm Economics, Vol. 43, N_1, 44-56.
- Granger, C.W.J. and Terasvirta, T. (1993) Modeling Nonlinear Economic Relationships. Oxford University Press, New York. https://doi.org/10.1093/acprof:oso/9780199587148.001.0001
- Hadri, K. (2000). “Testing for Stationarity in Heterogeneous Panel Data.” *Econometrics Journal*, 3, 148–61.
- Hadri, K., and R. Larsson. (2005). “Testing for Stationarity in Heterogeneous Panel Data Where the Time Dimension Is Fixed.” *Econometric Journal*, 8, 55–69.
- Hadri ,K and Rao, Y.(2008). "Panel Stationarity Test with Structural Breaks," Oxford Bulletin of Economics and Statistics, Department of Economics, University of Oxford, vol. 70(2), pages 245-269, April.
- Haining, R. (2003) Spatial Data Analysis: Theory and Practice. Cambridge University Press, Cambridge. http://dx.doi.org/10.1017/CBO9780511754944
- Hansen, B. E. (1999). Threshold Effects in Non-Dynamic Panels: Estimation, Testing and Inference. Journal of Econometrics, 93, 345-368. https://doi.org/10.1016/S0304-4076(99)00025-1
- Harris, R.D.F., and E. Tzaralis. (1999). “Inference for Unit Roots in Dynamic Panels Where the Time Dimension Is Fixed.” *Journal of Econometrics*, 91, 201–26.
- Hausman, Jerry (1978). Specification Tests in Econometrics. Econometrica, Vol. 46, N_6, 1251-1271.
- Hausman, Jerry et William Taylor (1981). Panel Data and Unobservable Individual E¤ects.Econometrica, Vol. 49, Vol. 6, 1377-1398.
- Holtz-Eakin, D., W. Newey, and H. S. Rosen. (1988). Estimating Vector Autoregressions with Panel data. Econometrica 56(6): 1371–1395.
- Im, K.S., M.H. Pesaran, and Y. Shin. (2003). “Testing for Unit Roots in Heterogeneous Panels.” *Journal of Econometrics*, 115, 53–74.
- Kao, C., and M.H. Chiang. (2000). “On the Estimation and Inference of a Cointegrated Regression in PanelData,” in *Advances in Econometrics*,Vol. 15, edited by B. Baltagi, pp. 161–78. Amsterdam: JAI Press.
- Karavias, Yiannis & Tzavalis, Elias, 2014. "Testing for unit roots in short panels allowing for a structural break," Computational Statistics & Data Analysis, Elsevier, vol. 76(C), pages 391-407.
- Koenker, R., and G. Bassett. (1978). “Regression Quantiles.” *Economatrica*, 46, 33–50.
- Kremer, S., Bick, A. and Nautz, D. (2013) Inflation and Growth: New Evidence from a Dynamic Panel Threshold Analysis, Empirical

Economics, 4, 861-878. https://doi.org/10.1007/s00181-012-0553-9

- Kwiatkowski, D., P.C.B. Phillips, P. Schmidt, and Y. Shin. (1992). "Testing the Null Hypothesis of Stationarity Against the Alternative of a Unit Root." *Journal of Econometrics*, 54, 159–78.
- Lee, Junsoo & Tieslau, Margie, 2019. "Panel LM unit root tests with level and trend shifts," Economic Modelling, Elsevier, vol. 80(C), pages 1-10.
- Levin, A., and C. Lin. (1993). "Unit Root Tests in Panel Data: Asymptotic and Finite Sample Properties." Mimeo, University of California, San Diego.
- Levin, A., C. Lin, and J. Chu. (2002). "Unit Root Tests in Panel Data: Asymptotic andFinite-Sample Properties." *Journal of Econometrics*, 108, 1–24.
- Maddala, G.S., and S. Wu. (1999). "A Comparative Study of Unit Root Tests with Panel Data and a New Simple Test." *Oxford Bulletin of Economics and Statistics*, 61, 631–52.
- Mark, C.N and Sul, D.(2003). "Cointegration Vector Estimation by Panel DOLS and Long-run Money Demand," Oxford Bulletin of Economics and Statistics, Department of Economics, University of Oxford, vol. 65(5), pages 655-680, December.
- Martina Pons and Blaise Melly (2025).Minimum Distance Estimation of Quantile Panel Data Models, Working paper, https://martinapons.github.io/files/MD.pdf
- Mundlak, Yair (1978). On the Pooling of Time Series and Cross Section Data. Econometrica, Vol. 46, N_1; 69-85.
- Park, J. Y. (1992). Canonical Cointegrating Regressions. Econometrica, Econometric Society, 60,119-143. https://www.jstor.org/stable/2951679 https://doi.org/10.2307/2951679
- Park. Y.J , Shin, K. , Whang ,Y.J.(2010). A semiparametric cointegrating regression: Investigating the effects of age distributions on consumption and saving, Journal of EconometricsVolume 157, Issue 1, July 2010, Pages 165-178
- Pedroni, P. (1995). "Panel Cointegration: Asymptotic and Finite Sample Properties of Pooled Time Series Tests with an Application to the PPP Hypothesis," Indiana University Working Paper in Economics, No. 95-013.
- Pedroni, P. (1996). Fully Modified OLS for Heterogeneous Cointegrated Panels and the Case of Purchasing Power Parity. Working Paper 96-020. Indiana University.
- Pedroni, P. (2000) Fully Modified OLS for Heterogeneous Cointegrated Panels. Nonstationary Panels, Panel Cointegration, and Dynamic Panels, 93-130. http://web.williams.edu/Economics/wp/pedroniaie.pdf

- Pesaran, M.H., 2003. "A Simple Panel Unit Root Test in the Presence of Cross Section Dependence," Cambridge Working Papers in Economics 0346, Faculty of Economics, University of Cambridge.
- Pedroni, P. (2004). "Panel Cointegration: Asymptotic and Finite Sample Properties of Pooled Time Series Tests with an Application to the PPP Hypothesis." *Econometric Theory*, 20, 597–625.
- Pesaran, M. H. 2004. General diagnostic tests for cross section dependence in panels. University of Cambridge, Faculty of Economics, Cambridge Working Papers in Economics No. 0435.
- Pesaran, M.H.. (2006). "Estimation and Inference in Large Heterogeneous Panels with Cross-Section Dependence." *Econometrica*, 74, 967–1012.
- Pesaran, M.H.. (2007). "A Simple Panel Unit Root Test in the Presence of Cross-Section Dependence." *Journal of Applied Econometrics*, 22, 265–312.
- Pesaran, M.H.. (2012). "On the Interpretation of Panel Unit Root Tests." *Economics Letters*,
- 116, 545–46.
- Pesaran, M.H., Y. Shin, and R.J. Smith. (1999). "Pooled Mean Group Estimation of Dynamic Heterogeneous Panels." *Journal of the American Statistical Association*, 94, 621–34. . (2000). "Structural Analysis of Vector Error Correction Models with Exogenous I(1) Variables." *Journal of Econometrics*, 97, 293–343.
- Pesaran, M. Hashem & Smith, Ron, 1995. "Estimating long-run relationships from dynamic heterogeneous panels," Journal of Econometrics, Elsevier, vol. 68(1), pages 79-113, July.
- Pesaran, M.H., and T. Yamagata. (2008). "Testing Slope Homogeneity in Large Panels." *Journal of Econometrica*, 142, 50–93.
- Pesaran, M.H., L.V. Smith, and T. Yamagata. (2013). "Panel Unit Root Tests in the Presence of a Multifactor Error Structure." *Journal of Econometrics*, 175, 94–115.
- Pesaran, M.H., A. Ullah, and T. Yamagata. (2008). "A Bias Adjusted LM Test of Error Cross-Section Independence." *Econometrics Journal*, 11, 105–27.
- Phillips, P.C.B. and Perron, P. (1988) Testing for a Unit Root in Time Series Regression. Biometrika,75,335-346.http://dx.doi.org/10.1093/biomet/75.2.335
- Roodman, D. (2009). How to Doxtabond2: An Introduction to Difference and System GMM in Stata. The Stata Journal, 9, 86-136. https://doi.org/10.1177/1536867X0900900106
- Saikkonen, P. (1991). "Asymptotically Efficient Estimation of Cointegration Regressions." *Econometric Theory*, 7, 1–21.
- Sargan, J.D. (1958). "The Estimation of Economic Relationships Using Instrumental Variables." *Econometrica*, 26, 393–415.

- Sargan, J.D., and A. Bhargava. (1983). "Testing for Residuals from Least Squares Regression
- Being Generated by Gaussian Random Walk." *Econometrica*, 51, 153–74.
- Seo, Myung Hwan & Shin, Yongcheol, 2016. "Dynamic panels with threshold effect and endogeneity," Journal of Econometrics, Elsevier, vol. 195(2), pages 169-186.
- Shin. Y, Byungchul.Y, and Matthew. G (2014.) Modelling asymmetric cointegration and dynamic multipliers in a nonlinear ARDL framework. In *The Festschrift in Honor of Peter Schmidt.: Econometric Methods and Applications*. Edited by Robin C. Sickles and William C. Horrace. New York: Springer, pp. 281–314.
- Sim, N, and Zhoo.H .(2015). Oil prices, US stock return, and the dependence between their quantiles. Journal of Banking & Finance ,Volume 55, June 2015, Pages 1-8
- Stone. M. (1977). An Asymptotic Equivalence of Choice of Model by Cross-Validation and Akaike's Criterion. Journal of the Royal Statistical Society: Series B (Methodological)
- Westerlund, J. (2005). "New Simple Tests for Panel Cointegration." *Econometric Reviews*, 24, 297–316.
- Westerlund, J., and R. Larsson. (2012). "Testing for a Unit Root in Random Coefficient Panel Data Model." *Journal of Econometrics*, 167, 254–73.
- Westerlund, J., and J.P. Urbain. (2012). "Cross-Sectional Averages or Principal Components?," Mimeo, Maastricht University.
- Windmeijer, F. (2005). A finite sample correction for the variance of linear efficient two-step GMM estimators. Journal of Econometrics 126(1): 25–51.
- Windmeijer, F. (2008). "GMM for Panel Data Count Models," in *The Econometrics of Panel Data*, 3rd ed., edited by L. M′aty′as and P. Sevestre, pp. 603–24. Berlin: Springer-Verlag.
- Windmeijer, F. (2008). "GMM for Panel Data Count Models," in *The Econometrics of Panel Data*, 3rd ed., edited by L. M′aty′as and P. Sevestre, pp. 603–24. Berlin: Springer-Verlag.
- Wooldridge, J.M. (1991). Econometric Analysis of Cross Section and Panel Data, The MIT Press Cambridge, Massachusetts London, England

Table des matières

Structures éditoriales du groupe L'Harmattan

L'Harmattan Italie
Via degli Artisti, 15
10124 Torino
harmattan.italia@gmail.com

L'Harmattan Hongrie
Kossuth l. u. 14-16.
1053 Budapest
harmattan@harmattan.hu

L'Harmattan Sénégal
10 VDN SICAP AMITIE 3
BP 45034 Dakar-Fann
direction@senharmattan.com

L'Harmattan Cameroun
Tsinga/Derrière polyclinique FECAFOOT
BP 11486 Yaoundé
Jacques.koukam@harmattan.fr

L'Harmattan Burkina Faso
Villa 281, secteur 23 623, rue 14.32
Ouagadougou
zagbie@outlook.fr

L'Harmattan Guinée
Almamya, rue KA 028 OKB Agency
BP 3470 Conakry
harmattanguinee@yahoo.fr

L'Harmattan RDC
185, avenue Nyangwe
Commune de Lingwala - Kinshasa
matangilamusadila@yahoo.fr

L'Harmattan Congo
219, avenue Nelson Mandela
BP 2874 Brazzaville
deunovmikhael@gmail.com

L'Harmattan Mali
Immeuble Mgr Jean Marie Cissé
Aci Hamadallaye
BP 145 Bamako
syllaka@yahoo.fr

L'Harmattan Togo
Djidjole - Maison Amela
face EPP BATOME
02 BP 20680 Lomé
didieramela11@gmail.com

L'Harmattan Côte d'Ivoire
Résidence Karl - Cité des Arts
Abidjan-Cocody
03 BP 1588 Abidjan
harmattan.ivoire@gmail.com

L'Harmattan Bénin
Rue 604, (Immeuble à l'entrée
de la rue UCAO- Cite de Saint-Jean)
Cotonou
stepcorpus@gmail.com

Nos librairies en France

Librairie internationale
16, rue des Écoles
75005 Paris
librairie.internationale@harmattan.fr
01 40 46 79 11
www.librairieharmattan.com

Librairie des savoirs
21, rue des Écoles
75005 Paris
librairie.sh@harmattan.fr
01 46 34 13 71
www.librairieharmattansh.com

www.ingramcontent.com/pod-product-compliance
Lightning Source LLC
LaVergne TN
LVHW010942061026
849535LV00007B/2528

* 9 7 8 2 3 3 6 5 4 6 3 3 9 *